生抜力《きばつりょく》®

梶井 寛
KAJII HIROSHI

幻冬舎MC

生抜力®

目次

プロローグ（なぜ「生抜力®」なのか）

はじめに

２０１９年4月、定年を迎えた。

大学院卒業後就職した山之内製薬は、藤沢薬品工業との合併でアステラス製薬と社名は変わったが、１つの会社で定年まで勤め上げたことになる。

幸せなサラリーマン人生だったらしい。

充実していたのは確かだ。自信を持って言える。


お世話になった社長と副社長へご挨拶に伺った。

（私）

「35年間、お世話になりました。

10年前の50歳の時に「定年後は異分野で生きていこう」と考え、以降様々な準備して参りまして、今後は自分の可能性を求めて自由自在に走りたいと考えております」

（副社長）

「梶井さん、今まで、さんざん好き勝手やってきて、今更これ以上何を望んでいるの

アステラスが手術ガイド薬

尿管の位置 光らせ特定

アステラス製薬は患者に静脈注射で投与することで尿管を光らせる効果を持つ化合物を開発した。子宮がんなど尿管付近の手術時に用いることで、尿管を誤って傷つけることを防ぐ。このほど米国で第1相臨床試験（治験）を始めた。同社が治療薬ではない、手術を助ける医薬品の開発をするのは今回が初めてだ。

尿管を光らせ手術ミスを防ぐ

静脈注射で投与

↓

近赤外線光を当てる

↓

尿管に集まった蛍光の化合物が光る

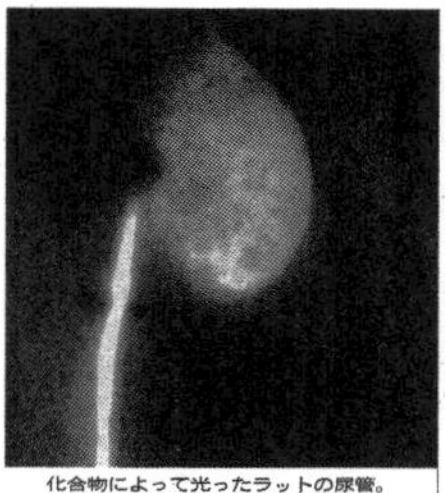

化合物によって光ったラットの尿管。手術中に傷つけないよう注意を促す

米で治験入り

子宮摘出 より安全に

新たに治験入りしたのは「ASP－5354」。三重大学の寺西克倫教授が発見した物質について、アステラス製薬が製品化に関する権利を取得。研究開発を進めてきた。

ASP－5354は近赤外線を当てると光る性質がある蛍光性の物質。静脈注射で投与すると腎臓で尿に溶け出す。手術直前に投与して開腹し、この尿が腎臓からぼうこうに尿を輸送する尿管の中を流れているところに近赤外線を当てると、化合物が光り尿管の位置が明らかになる仕組みだ。

動物実験では投与後5～10分で尿に集まり、尿管だけを緑色に光らせた。「最終的にはほぼ100%尿とともに体外に排出される」（研究本部プログラム推進グループの梶井寛次長）という。

アステラス製薬の研究所。治療薬以外の領域にも力を入れる

現在は子宮がんや子宮筋腫、子宮内膜症などの治療で子宮全体を摘出する手術での活用を想定している。子宮摘出では子宮につながる血管をすべて切断するが、誤って子宮近くにある尿管を傷つけてしまうことが課題だった。

従来は尿管の位置を確認するために、尿管にステントという細い管を通す方法が主流だった。ただ、非常に細い尿管に管を通すための技術が求められる。患者にとっては尿管内を傷つける恐れもあり、身体的な負担が大きい。医療現場からは尿管の位置を把握するための他の選択肢が求められていた。

アステラスが開発したASP－5354は2つの物質で構成されている。主な要素は近赤外線光を浴びると光る蛍光の化合物。ただこれは脂溶性のため、このまま投与すると尿管以外の臓器にも広がってしまい尿管だけを明示することができない。

水溶性にすればすべて尿に溶け出し、尿管だけを特異的に光らせることができると考えた。アステラスは脂溶性の物質の表面を水溶性の物質でコーティングすることに成功し、製品化へ一歩近づけた。

ただ、開発にはもう一つ壁があった。合成する過程で有害な不純物も発生するため、必要な物質だけを高い純度で取り出さなければ人に投与することができない。純度を高めるための方法を見つけるのに2年要したという。

ASP－5354はラットとミニブタでの実験で尿管だけを示すことに成功。このほど米国で人に投与して安全性や有効性を確認する第1相治験に入った。適切な投与量や効果が表れる時間も確かめ、今後の製品化に向けた情報を集める。第1相治験の結果が良好であれば、日本や欧州でも治験をする考えだ。

製薬業界ではこれまでの新薬開発の蓄積が多く、作用の仕方がすでにある薬とまったく異なる医薬品の開発は難しさを増している。低分子化合物の開発に注力していたアステラス製薬は、今後の成長戦略として抗体医薬や遺伝子治療の研究開発を進める一方、治療薬以外の分野にも注力している。

すでに、ビジネスの芽を探すためにベンチャーキャピタルへの投資を拡大しているほか、バンダイナムコエンターテインメントと糖尿病予防のゲームアプリの共同開発に関する提携も発表した。新領域の強化で従来型の製薬会社から脱皮する考えだ。

（桜井豪）

経口投与の白血病薬 米国で承認取得

アステラス製薬は、経口投与する白血病治療薬について米食品医薬品局（FDA）から薬事承認を取得したと発表した。「成人の再発または難治性のFLT3遺伝子変異陽性急性骨髄性白血病」の治療に使う。

今回承認を得た「ゾスパタ」は経口投与する白血病薬。血液の基となる造血幹細胞が増殖途中でがん化する急性骨髄性白血病（AML）のうち、がん細胞の増殖に関連するタンパク質「FLT3」に遺伝子変異が現れた場合が対象。

AMLは2018年の1年間に米国で新たに1万9000人が診断されると見込まれる。ゾスパタの適応対象となる患者はAML患者のうち4割弱。

ゾスパタはFDAから開発の支援を受けられる「ファスト・トラック」に指定。現在継続中の第3相臨床試験（治験）の中間解析結果を基に薬事承認を得た。

日本でも迅速な審査が受けられる「希少疾病用医薬品」と「先駆け審査指定制度」の対象に選ばれ、9月に厚生労働省から製造販売承認を取得している。

日経産業新聞「アステラスが手術ガイド薬」2018年12月4日

ですか？」

（私）

「…………」

ありがたいことに社長・副社長にはなむけの言葉をいただき、定年後のスタートをきることになるのであった。

アステラス製薬では新薬開発プロジェクトリーダーを務め、やりがいを感じつつも組織人としての動き方には様々な制約をも感じていた。

定年後の元サラリーマンの抜け殻のような姿や、ひたすら体力温存の休日を過ごす現役サラリーマンの姿には、大きな違和感を抱いていた。

働くことは人生の一部であり、人生を輝かせる要素の一つに過ぎないはず。

私自身仕事は好きであったが、「仕事イコール全人生」という生き方は断じて受け入れられず、働くために生きるのではなく、「自由自在に生きるために働く」生き方を目指したいと考えビジネススクールへ入学し勤労学生として2年間学び、そこで多くの手がかりを得て起業を決意することになる。

定年を起業のタイミングとし、50歳からの10年計画で動き出して改めて気づいたことが、30歳代40歳代の経験が基礎、ネタ（材料）になるということであった。

定年後の人生など無意識だった30歳代40歳代50歳までの生活が、自分自身の軸を形作っていたことを再認識することになった。


人生50年と言われた時代から人生１００年、とまで言われるほど、超高齢化社会となった日本で、１００年人生を思う存分享受するための秘策たっぷりの自費出版の自伝に取り組んだわけだった。

おじさんの嫌われる話題が、自慢話、昔話、説教、と言われているらしいが、私の仕事のやり方の話は「仕事術」として会社の後輩たちからの要望で定期的にセミナーを開催しており、感謝されていたらしい。少なくとも嫌われてはいなかった様子だった。

そこで後輩たちへ定年後に役立つ仕事術として伝えていきたいという考えが強くなり、苦手な作文を幻冬舎さんへ提出したという次第なのであった。

だが、そのようないきさつで2019年定年後すぐに「人生戦略」をテーマに描き始めた原稿であったが、原稿提出後推敲を重ねるうちに、パンデミックが降りかかり、そしてまさかの軍事侵攻のニュースが飛び込んできて、経済状況も大きく変わってしまった。

私が「30年のサラリーマン人生で学んだ仕事術と、100年人生と言われている21世紀の定年後の人生を楽しみ尽くす術を伝える」、などといったコンセプトが生ぬるく感じるようになり、まさに白紙に戻して、ゼロから書き直すことになったのであった。

高度成長期のそれはそれは勢いがあった東京都新宿区で生まれ育ち、バブル時代に仕事と遊びに熱くなった世代である私が、人生を楽しむノウハウを語ったところで、「そりゃ、時代が違いますよ」

と時代遅れな話として見向きもされないだろう。

確かに働き方改革が叫ばれながらも、日々時間に追われ余暇は疲れた体を癒す時間となってしまっている後輩を見て、なにやら責任感に似た感情が起こるのは老婆心からだろうか。

おじさんが昔を懐かしんでも、若者が文句を言ってもなにも変わらない現在かも知れないが、変わるのを待つのではなく、変えていけばいい、成長期だろうが、低迷期だろうが、だ。

ようやく定年後、５年の期間を経て出来上がった構想が、この「生抜力®（キバツリョク）」である。

人生を楽しむために「生き抜く力」を携えましょう、というテーマである。

お付き合いください。

生抜塾

２０２２年12月23日　星空のつくば市某所

クリスマスイブイブの夕暮れ時、数台のバンやＳＵＶから手際よく運び出されたテントとタープが、我が家の４５０坪（広いです！）の庭に整然と計４棟がはられている。

（ベテランキャンパーの設営するテント設営は美しいのだ。そこには自然と対峙するための機能美を感じさせられる）

我が庭に訪れた４名のゲストの今日の寝床である。

薪が燃やされ、イノシシのリブが燻《いぶ》されながらいい色に焼けている。

その横には鹿肉団子入りのスープの鍋。

そして妻が自宅のキッチンで仕上げた〝鹿肉のロースト　バルサミコソース添え〟

テント

が、並ぶ。

星がまたたきだした。

今日は私が立ち上げた膳Ｌａｂｏつくば株式会社の生抜塾キャンプのプレプレオープンの日である。晴れ男の私にふさわしく、星空が美しいキャンプ場開きとなった。

このつくば市内のまばらな住宅街に佇む、築30年の中古住宅を購入したのが、5年前。私が定年退職した年だった。

とにかく４５０坪の土地付き、が魅力だった。

だが、当時は４５０坪の庭でキャンプ場経営をする計画はなかった。庭の一角にラボ（厨房兼研究室）を建てて、薬膳カレー

野外料理

のフードトラックと体験型薬膳レストランを事業としようとしていたはずだった。

この事業形態の大きな変更は、まずはこの中古住宅のセルフ解体から始まった。

築30年の古民家をオフィス併設の自宅建築のためにフルリノベーションを計画した。水戸の設計士に設計を依頼するも、その人気設計士のスケジュールの空きはなく、1年待ちとのこと。先方からは、「1年もお待たせしてしまっては申し訳ないので・・」とお断りされるも、「いやいや、待ちます」と。

結果、（特にアツをかけたわけではないのだが）1年も待たずに（とはいっても10ヶ月ほど待ちましたが……）打ち合わせが始まり、ワクワクしながら毎月水戸の設計事務所まで足を運んだ。


ところが、いよいよ2ヶ月後には改築工事スタートのめどがついた所にやってきたのが、ウクライナ侵攻。

ウッドショックに加え戦時下の資材不足からくる諸々の値上げが、我々の経済状況を脅かすこととなった。

設計士からは予算内での仕様変更を提案されるも、いいものを見てしまったあとで

荒れ地と除草作業の筆者

設計模型

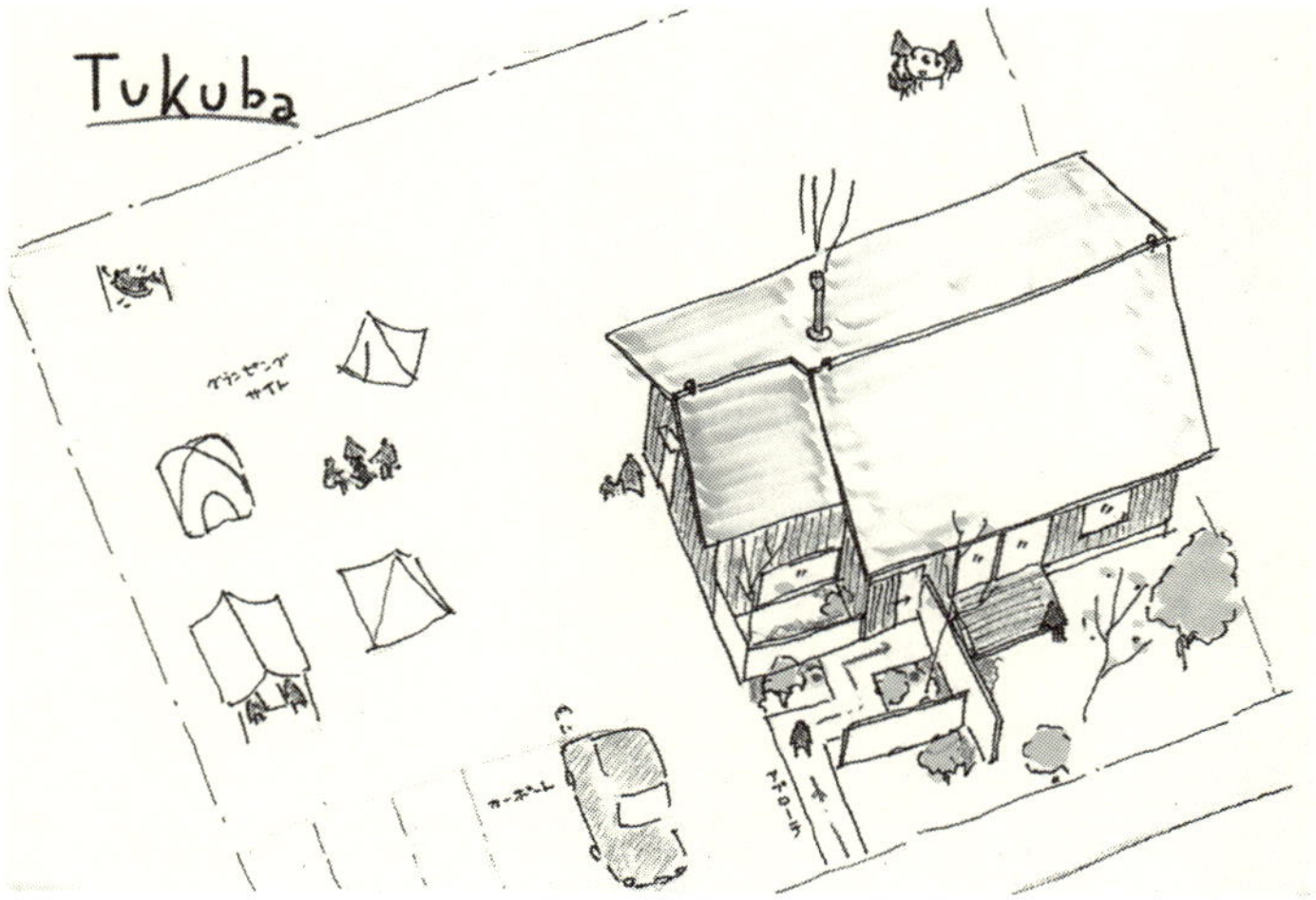

ラフスケッチ

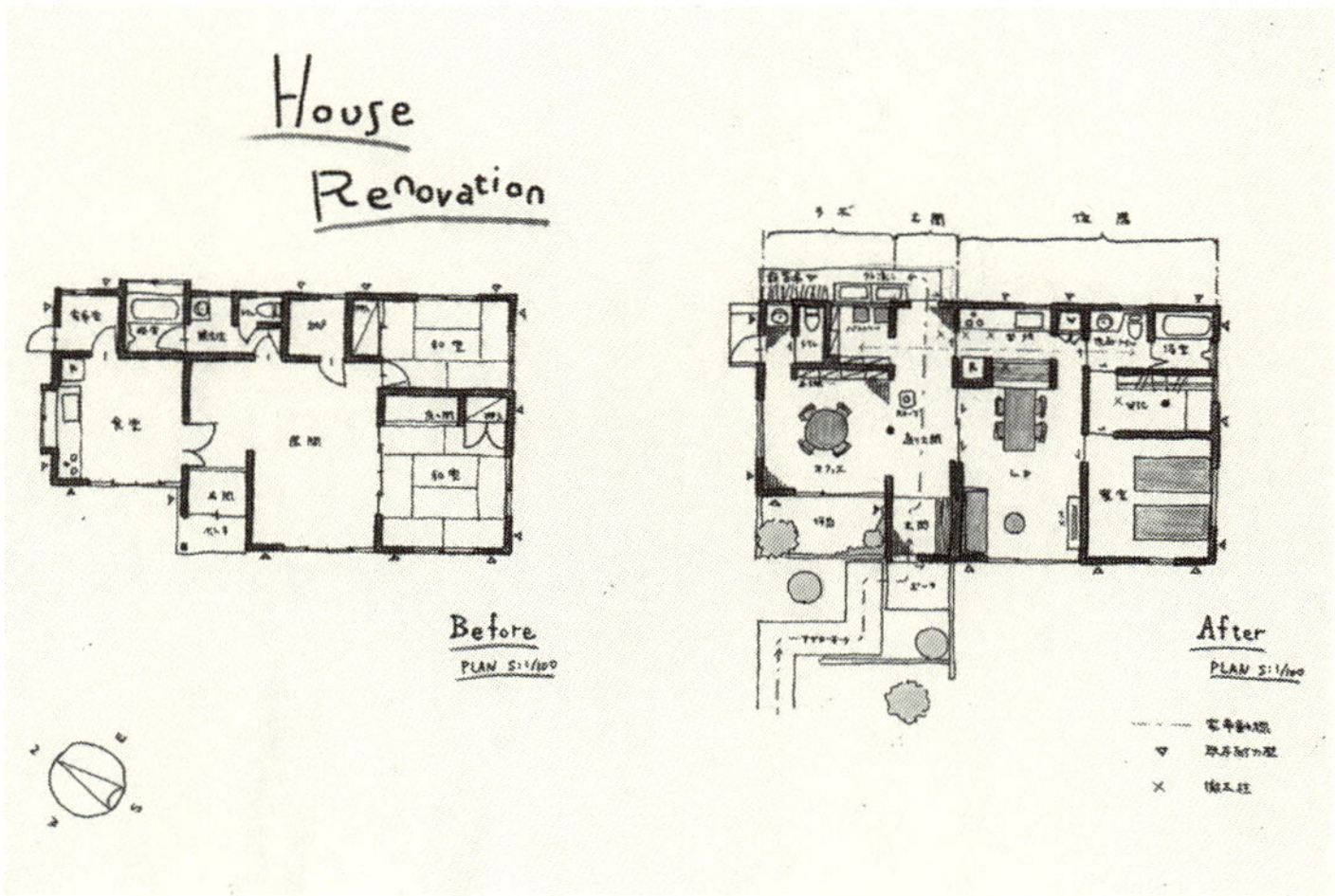

図面

バール、チェーンソー

はレベルダウンは、認められない。（特に奥さん）

で、ひらめいたのが、セルフ解体。

我々が解体作業をすれば、解体費用が浮くではないか！

さっそく次の週末から、壁剥がし、天井剥がし、床剥がし、便器撤去、浴室壁タイル剥がし、浴槽撤去……、たっぷり2ヶ月間解体作業に従事したのであった。

施主が解体作業を担うなど、予想だにしない展開に、周囲が驚くのも当然だろう。（まあ、そこそこで音を上げて打ち切るだろう）、と言った予想に大きく反して、バールやら、チェーンソーやら玄人道具を揃えて、自らの肉体をブルドーザーのよう

作業中の筆者

薪棚に並ぶ廃材

ゴミの山

がれき

軽トラ

にあやつり解体を進めていく我々の報告を聞いて、逆に不安にかられた設計士が、セルフ解体の様子を見に来たほどであった。

彼は解体作業を行う我々の姿を見て、「まるで、開拓者ですね」と。

そして、「梶井さん、これとこれは、潰さないでくださいよ、お願いしますよ」と、主要な柱にはテープを巻き付けて設計士に真剣な眼差しでお願いされてしまう始末であった……。

(彼の目には、私の姿が「破壊者」にでも見えたのかもしれない)

なお、切り倒した柱は、今、我が家の薪ストーブの燃料となっている。これもセルフ解体のおかげだろう。本来は廃棄され処分費用が請求されたはずの「廃材」が、薪

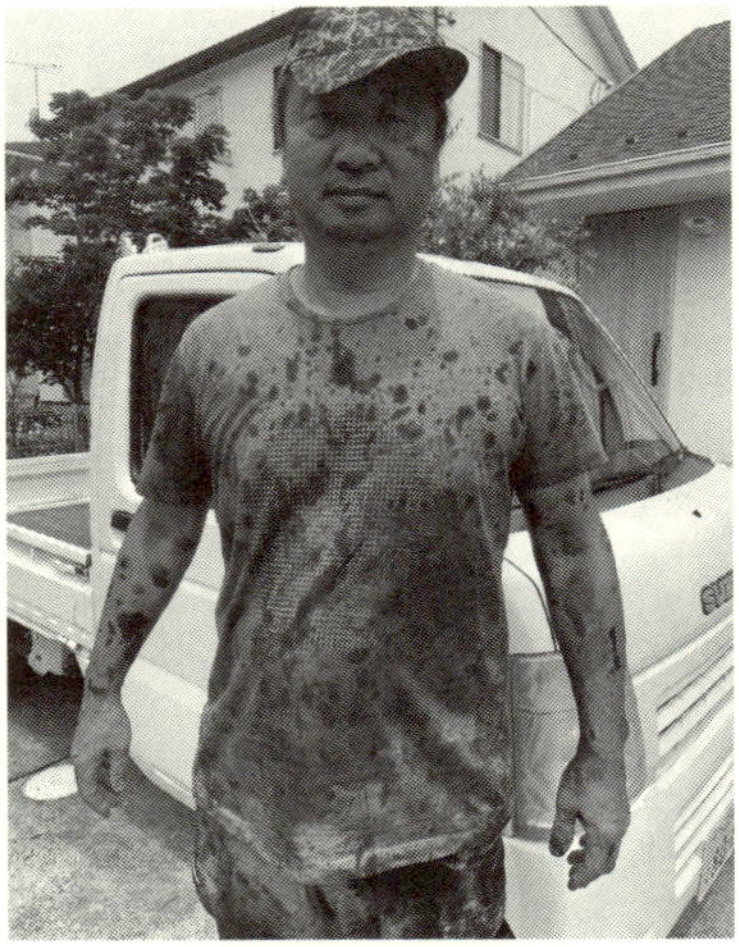

塗装作業中の筆者

ストーブの燃料となり、我が家を温めてくれている。

このセルフ解体によって、工事着工を待つわずか二ヶ月間でウクライナ情勢による資材費用増加分の100万円ほどを圧縮できたのであるから、セルフ解体は大成功の大満足をもたらしたのであった。(加えて肉体労働のお陰で10キロほど痩せたのは嬉しいおまけ)

なにより、私自身が調子づいてしまった。薬科大学の大学院出の製薬会社の研究者だった男が、定年後齢60を過ぎて、解体作業をやり遂げるとは!

できるもんなんだな、なんでも、やれば!

もっと、できるんじゃないか?

塗装作業風景

うすうすうぬぼれかけたところに、さらに追い打ちをかけるようなお声がかかった。

杉板の自宅外壁は、ブラックで、たいへん気に入っているのだが、これも、セルフ解体をこなした我々の仕事っぷりを評価（?!）くださった工務店さんが、「梶井さん、これも塗っちゃいますか？」とご指名いただいてしまったのだった。

セルフ解体が終わり、工事が始まり、「あとはできるのを待つだけ」と思っていたのだが、ご指名をいただいてしまったからには、「喜んで！」と、再度週末はセルフ塗装に勤しんだ、という次第であった。

セルフ解体作業も、塗装作業も、まるでそれは職業体験型テーマパーク、大人版キッザニアだった。

最初は経費カットのために始めた作業だったのだが、素人作業を見かねた（？）知り合いの大工さんが道具の使い方を指導してくれたり、と、想定以上にスキルも上がり、作業自体を楽しんでいた。

作業中の我々の前に、街中を軽トラで巡回する仕事熱心な金属買取業者が現れ、「金属部品を買い取りますよ」と取引を求められた。

中古住宅内装金属も買い取ってくれるんだ、と気づいた後の解体中の自宅は、まるで宝の山となった。まだまだ銅線やアルミサッシ、ガス管が残されており、いわゆる都市鉱山！　それらを丁寧に解体してまるっと換金したり、と、雪崩式に知識も技術も吸収していったのだ。面白くて仕方がなかった。

設計士の人気のお陰で設計打ち合わせが遅れ、ウッドショックとウクライナ情勢の影響による資材不足と、さらにコロナ感染による職人不足による工事遅延、といった様々な要因が重なり、自宅購入からリノベーションを経て実際移り住むまでに3年の歳月を要した。

確かに自宅を購入しながら、別宅住まいとなると別宅家賃出費は痛かったが、その分十分な準備期間が我々にはあった。

遅れたスタートであったが、その間は情報収集に徹することができたため、いざ打ち合わせが始まると、スムーズに設計図が出来上がっていった。

自宅キッチン間取りは奥さんに丸投げだったが、私はこだわりの屋外キッチン設計を依頼した。

狩猟免許取得後、2シーズンの狩猟期を経験し、獲物解体作業（鹿・猪・野鳥、川魚）を行った経験から、設計士に提案したのは、獲物解体作業場として屋外キッチンの配置、川魚の泥はき用の井戸水を汲み上げた水槽設置であった。

工事着工後も様々なリクエストを出して、大満足の屋外作業場と屋外厨房の設計をお願いできた。

こうして理想の設計図ができあがり工事が進み、建物の完成形が見えてきた段階でも450坪の土地利用に関してはまだ具体的なものとはなっていなかった。

私の興味は、ひたすら450坪の土地利用、にあったにも関わらず、まだ体験型薬膳料理レストランとしての土地利用方法は明確にはなっていなかった。だが、私に焦りはなかった。

「なにか面白いものができる」、という確信があった。

これは不思議なことなのだが、「上手くいかないはずがない」、という根拠のない自信が常に私にはある。

本当に不思議である。人は楽天家、楽天主義、というのだろうが、私に言わせると、「引き寄せ」なのである。これは「生抜力®」へつながる。

そんな楽天家の私は完成目前の屋外キッチンを見て、屋外キッチンでさばいた獲物を料理となれば、そりゃ焚き火だ、と思い、特に計画もなく庭で火を起こし、ジビエ薪火料理に手を染める。

それがキャンプ場経営計画のきっかけとなったのであった。何の計画もなかったはずなのに、引き寄せられた。

コロナ禍も相まってキャンプブームであった。

ゲストキャンパー

庭キャンプ

自他ともに認めるアウトドア派の私であったが、それまでなぜかキャンプとは縁がなく、またグランピングなどには全く興味がなかった。

しかし庭で薪火で焼いた鹿肉やイワナの美味しさに感動し、そこから薪火料理からキャンプへ導かれたのだが、偶然にもキャンプに興味を持ちだしたそのタイミングでたまたまサバイバルキャンプの番組を目にした。

思い立ったら吉日が座右の銘の私は、即4回コースを申し込み受講することとなり、これがキャンプ場経営計画の始まりであり、生抜塾体験型キャンプ場誕生の大きな一歩となったのであった。


さて、話を生抜塾キャンプのプレプレオープンの日に戻そう。

クリスマスイブイブの晩、我が家の450坪の庭にテントを設営してクリスマスキャンプを繰り広げるメンバーはサバイバルキャンプの指導者と、そのお弟子さんたち、いわゆるキャンプのプロたち。

サバイバルキャンプ、これは人間の本来持つサバイバル能力を駆使して、最低限のツールで乗り切る最も原始的な野営方法であり、ほとんどホテルステイと変わらない

草刈り

ようなグランピングや、様々なツールをこだわり使い分けるマニアックなキャンパーとは全く別物と考えられる。

この本能を研ぎ澄ませて自然と向き合うサバイバルキャンプに、まさにこれが自分の求めていたものだ、と感じたのであった。


しかしながらサバイバル技術そのものにはまったわけではなかった。

あくまでも眠っていた野生本能を再認識し、自らの野生本能の可能性に、はまったのだった。

テント設営の場所を探し、草を刈り地面をならしてテントをはり、落ち葉を集め、枝をのこぎりで切り、幹を切り倒して斧で割り薪を用意して、火を起こす……といった野営における一連の行動全てが、理にかなっており、実に合理的なことに気づき、興味をそそられたのだった。

原始的行動が合理的なのは、考えてみれば当然だ。生きるために安全な場所を探して寝床を確保して、生きるために獲物を捕り食する、という行動は、人間が生き抜くための最低限の行動であるから、合理的であって当然なわけである。

サバイバルキャンプではサバイバル技術を学び実践することが目的となるのだが、本来持っていたはずの本能としてのサバイバル能力を取り戻すことを目的とした体験型キャンプ場をここでやってみよう、と考え始めたのであった。


本来人間も五感を働かせて生きてきたはずである。二足歩行となり、火を扱い、そして五感に代わる様々な高度な技術を生み出し、駆使して生きるようになった人間は、五感（＝野生）を忘れてしまった。自然の中に身を落とすキャンプを取り入れた研修の中で、眠っていた五感（野生）を総動員し、そこに叡智を加えて問題の本質に迫る癖（＝生抜力）を身につければ、怖いものなしだ。人生を存分に楽しめるのではないだろうか。

自宅セルフ解体をきっかけに、未知のものにチャレンジする高揚感や充実感が雪崩的な幸福感をもたらすことを発見した。人は楽しい状況ではより一層探求精神が刺激されて探索行動が促進されることは行動経済学でも言われていることだ。楽しみながら学ぶことがスキルアップを確実にしかも最短距離で身に付けられるということは、齢60でも証明できた。

本編でお伝えする幼いころからの動物観察や狩猟や釣りで感じた野生動物のしたたかさや強さが、我々人間にも必要だと感じ、本来は持っていたはずの「野生」を取り戻し、より人生を楽しむ力「生き抜く力　イコール生抜力®」をキャンプを通して学ぶ生抜塾（キバツジュク）の構想はこのようにして生まれたのであった。

定年後の挑戦、試行錯誤、そして〝生抜力®〟へ

1 新宿の自然児が医者を目指すも挫折、研究者として第一希望の製薬会社に入社するも……（さらなる挫折か？）

1959年高度成長期の東京都新宿区で生まれた。

新宿生まれ新宿育ちである。

そこで都会っ子の印象を持たれる。

たまに遊んだゲームセンターは歌舞伎町にあったので確かに「歌舞伎町で遊ぶ小学生」ではあったものの、当時の新宿にはまだまだ自然が残されており、チョウ、ヤゴ、トンボやセミなどの虫取り、ザリガニや魚取りが主な遊びである、新宿のネイチャーボーイだった。

釣りが趣味であった父親に釣りの手ほどきをうけ、週末は父と二人で荒川上流の都幾川や相模川水系、多摩川、御岳渓谷へ、そして小学生高学年になると一人で始発電車に乗って静岡の狩野川へと釣り歩いたものだった。

幼少年期　新宿

毎年夏休みには両親の故郷である佐渡へ帰省し、1ヶ月間海釣り川釣り三昧の生活を送るのだが、それがまさに天国だった。鮎、イワナ、タナゴ、イナダ、アイナメ、タコ、サザエ、アワビ、……と夢中になって獲ったものだった。

これらのとれたての獲物はもちろんその日の食卓にあがるわけで、常に高鮮度の魚料理にありついていたことになり、魚に関してはずいぶん舌の肥えた小学生だったと思う。

日本高度経済成長期の象徴とも言われる大阪万国博覧会が開催されたのが小学6年生の年だったのだが、大阪万博への家族旅行の計画を覆してまでも、帰省、釣り三昧の夏休みを選んだほど佐渡の自然に惹きつ

大漁イワナ・ヤマメ

けられていた小学生時代であった。

釣りを通して自然、特に生き物に興味をもつようになり、観察のために釣った魚を水槽で飼育し新宿の実家で５００匹以上もの魚を飼育していた時期もあった。

中学生になると休日にも部活動があったため、釣りは毎週末とはいかずとも続けてはいたのだったが、高校入学後は完全にやめてしまった。

縁あって定年後に再デビューした釣りなのだが、面白い。

老眼のために餌をつけるのには難儀するのだが、まだまだ衰えていないぞ、と鼻息荒く、イワナ１００匹釣り上げる、腕は落ちていないぞ、と自画自賛中。

魚から昆虫、鳥、と生き物への興味が高まり、「命を助ける医者になりたい」と小学生で医者を目指すことになる。

自分で言うのもなんだがそれほど努力せずとも、そこそこの成績は出せた。数学が得意だった。両親の教育は放任主義ではなかったが、それほど教育熱心というわけでもなく、自由にさせてくれた。家計をやりくりして塾にも通わせてくれた。高校受験の時期の三者面談でも、安全圏とは言えない進学校の受験も認めてくれた。

結果、第一志望の都立は見事不合格、滑り止めの私立高校への進学となった。

高校受験の失敗が、わが人生初めての挫折。

確かに不合格の知らせでがっかりはしたが、そもそもBマイナスの成績での受験であり、自分としては「まあ、仕方がないか」程度の落ち込み具合だったのだ。根が楽天的なのだろう。

滑り止めの高校では、勉強に集中すべく、迷わず帰宅部。大学受験でリベンジを誓った。

そもそも、「滑り止めの高校での俺はトップクラスで当然だろう」と高をくくっていたのだが、自分と同じようなリベンジ組には、優秀な生徒がそろっており、なかなかトップをとれなかった。ここで早くも2度目の挫折を味わうことになったのだが、だからといって、そこから劇的な俺の中での展開が生まれるわけでもなく、普通に受験勉強をして3年間を過ごした。

そしてリベンジの時が訪れた。が、大学受験も失敗し、3度目の挫折を味わうことになる。

初志貫徹で、北海道大学医学部を受験、見事に不合格……。

高校受験でも不合格を経験していたので、受験を応援してくれた家族には申し訳ないのだが、自分の中では「また不合格かよ」というライトな挫折感にもかかわらず、周りがえらく心配して、3歳上の姉の数人の友人が慰めに新宿プリンスホテルのラウンジで激励会を催していただくなどという非常事態が起こってしまったのだった。高校生の分際で、（それも浪人生確定の身分で）シティホテルのラウンジへ足を踏み入れ、雰囲気にのまれたことを覚えている。夜景がきれいだな、と。

しかしさすがにその後1年の浪人生活は精神的にも厳しかった。予備校のあるお茶の水界隈には複数の大学があるのだが、キャンパスライフを謳歌する大学生を横目で見て、特に高校3年間を男子校で過ごした自分にとって、大学生カップルが目障りで仕方がなく「俺は軟派な大学生にはならん！」などど、勉強に関係ないパーパスを掲げたりもしていた。

浪人生の受験は、現役生の受験とは全く異なる、ということは、経験者ならおわかりだろう。

予備校は学生の成績をシビアに分析、受験校のアドバイスを提供する。医学部への道は簡単なものではない、という現実を突きつけられたのだった。医者になる夢をあきらめ、獣医学部と薬学部を受験、2つの合格を勝ち取ったが、薬学部への進学を決めた。

唯一姉は、獣医学部に進んでほしいと言ったが、確かに動物好きな自分は動物観察も得意であったが、獣医学を学んで、獣医師になる自分が想像できなかった。

家畜獣医師であれば安定した収入が望めるだろうが、私の大学受験の時期はバブル前のあまり景気のいい時代ではなかったため、それほどペットにお金をかける風潮がなかった。町の動物病院でペット対象の獣医師では経済的に安定しないのではないか、とも考えたからである。

第一志望ではない薬学部ではあったが、医者に代わる将来の夢として、薬科大学入学後は研究者を目指した。大学院へ進み研究室へ入ると一層研究にはまった。朝7時に研究室に入り、夜11時に研究室を出る、というセブンイレブン研究中心の生活を送っていた。大学院での2年間の研究成果をもとに海外雑誌にファーストネーム（主研究担当者）として4報の研究論文を発表したのだった。

■Fluorescence Study on the Interaction of Salicylate with Rat Small Intestinal Epithelial Cells: Possible Mechanism for the Promoting Effects of Salicylate on Drug Absorption on Vivo.
Hiroshi Kajii etc. Life Sci., 37, 523-530 (1985)

■Effect of Salicylic Acid on the Permeability of the Plasma Membrane of the Small Intestine of the Rat: A Fluorescence Spectroscopic Approach to Elucidate the Mechanism of Promoted Drug Absorption.
Hiroshi Kajii etc. J. Pharm. Sci., 75, 475-478 (1986)

■Effects of Sodium Salicylate and Caprylate Adjuvant of Drug Absorption on Isolated Rat Small Intestinal Epithelial Cells.
Hiroshi Kajii etc. Int. J. Pharm., 33, 253-255 (1986)

■Fluorescence Study of the Membrane-Perturbing Action of Sodium Caprylate as Related to Promotion of Drug Absorption
Hiroshi Kajii etc. J. Pharma. Sci., 77,390-392 (1988)

薬学卒で研究者になるには院卒でなければならない現実があった。そこで院に進み、実績を積み、研究者として可能性をアピールしたのだった。

大学院での研究三昧の2年間は、高校受験、高校でのトップ争い、そして大学受験と、3度の挫折を味わった自分が選んだ、研究者になるための戦略であった。

4報のファーストネーム研究発表という実績は、大学研究室第一号であるということで評価され、研究室教授の推薦を得て山之内製薬（現アステラス製薬）への就職が決まった。

戦略が功を奏して教授推薦で入社した狭き門といわれた山之内製薬だった。

だがしかし、入社直後の配属は動物薬担当部署という花形とは言えない部署であり、浮かれてはいられなかった。海外雑誌に主研究担当者として4報の論文を発表し、これらの知識をもとに会社での仕事に取り組もうとアクセル全開の状態だった私は、場違いの配属部署にあたかもノッキング状態。（今風に言うと配属ガチャですか？）周りの諸先輩方々は獣医学部や畜産学部出身のエキスパート。「ここで俺は医科向けの人体薬ではなく、動物薬の開発をするのか？」薬学部出の自分はまさに暗闇の中での手探り状態であった。

だが、この部署で自分の価値を認めてもらうべく精進した。

魚の飼育方法、鶏の飼育方法、豚の飼育方法など水産畜産関係の本を読み漁った。養豚場、養鶏場、養殖場、畜産衛生保健所、水産試験所へ先輩同行で視察に行き、話を聞かせてもらった。

新人が10年以上も入っていない動物薬部門に、それも学卒ではなく院卒の人間が入ってきたため会社側はしっかりと育てていこうと、未熟な私に懇切丁寧な指導を与えてくれたのだった。私もその期待に早く応えようと、実務と並行して、関連書籍を読み漁り、知識を増やすよう、精進の日々であった。

そして動物薬開発の部署所属の5年間で、5種類の新製品を手掛けた。

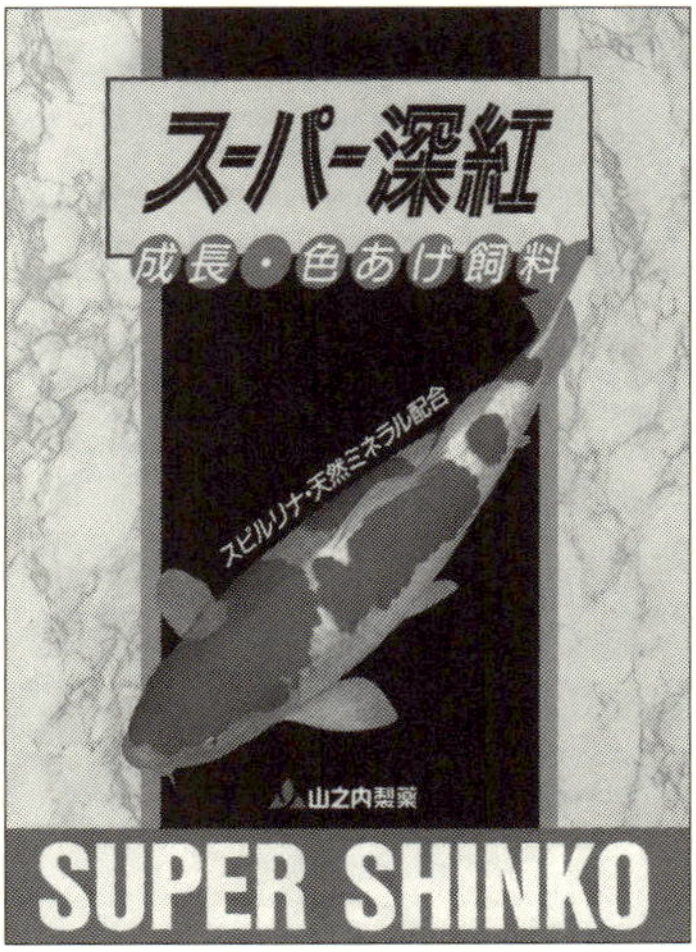

「スーパー深紅」

・スーパー深紅（成長・色あげ飼料）

既存製品「深紅」という成長・色あげ飼料を改良したものである。

ハマチ養殖場視察で養殖家からハマチの健康状態の良しあしは「体の表面のぬめり」で決まることを教わった時に、「美味しいものを食べて栄養状態がよくなると化粧ノリがよくなる」、という話を思い出した。それならば鯉も「お肌の状態がよくなれば、赤地を濃くする「深紅」の効果が上がるのではないか」と思いつき、既存製品「深紅」に健康維持増進効果のある天然ミネラルを配合した「スーパー深紅」をリリースした。広報部と打ち合わせをしてパッケージには高級感を出そうとバックには大理石のデザインを入れた。

「養魚源」

・養魚源（混合飼料）

薬学の専門から見ると極端に煽情的な扱いだと感じていたのだが、養殖魚の「抗生物質漬け」や「薬漬け」といった話題で騒がれていた当時、

生餌の鮮度が、魚の肝臓機能低下に影響を及ぼすということを水産試験場で聞き、質のよい餌が質の良い魚を作るのだと考え、サプリメントの発想で、餌にビタミン類（ビタミンＢ１・Ｂ２・Ｂ６・Ｃ・Ｅ、葉酸）と強肝作用のあるヨモギ・甘草・ウコン・胆汁を配合した製品を開発した。魚を養う源として「養魚源」と名付け、生薬のイメージを出すため、行書体にしてもらうように広報部に提案した。

「養鶏源」

・養鶏源（混合飼料）

ブロイラーは経済性を追求するため、窓のない無窓鶏舎で飼育されており、産卵鶏（レイヤー）はほぼ身動きができない籠の中で飼育され、加えて産卵率を上げるため日照時間を変えられた状況で強制換羽させる。

いずれも、ストレス下で飼育され、健康的な環境とはいえない。

健康が肉質や卵に影響を与えると考え、肝臓の働きを助ける馬鞭草《ばべんそう》、消化吸収を助ける大棗《たいそう》・生姜、抗菌・抗ウイルス作用を持つ魚醒草《ぎょせいそう》の天然植物配合の鶏の健康食品を考えた。商品名も養魚源と同様、生薬を配合しているので行書体で「養鶏源」の記載を提案した。

「水産用ジョサマイシン」

・水産用ジョサマイシン（動物用医薬品）

動物用医薬品も、人体薬と同様に販売許可を得るためには臨床試験を実施し、農林水産省に申請、承認許可を得る必要があるのだが、医師が臨床試験を担う役割分担ができている人体薬とは違い、動物用医薬品の場合、臨床試験も全て研究者が実施しなければならなかった。

長崎県で臨床試験の実施の準備を進めていたところ、台風が直撃し、生簀《いけす》が全て流され、治験魚がいなくなってしまうハプニングもあった。

台風のうねりの中でも生簀から魚を釣り上げ、甲板の上で心臓目がけて注射針を打ち、採血、遠心分離をかける。その後陸に

「動物用ジョサマイシン」

上がり、魚の臓器（脳・筋肉・肝臓・腎臓・脾臓）を採材、分析し、投与後の時間と各臓器の濃度の分布のデータをとるという一連の臨床試験を経て予防薬を開発した。

・動物用ジョサマイシン（鶏）（動物用医薬品）

鶏のマイコプラズマ病予防薬の開発の際は、１ヶ月間鶏舎を借り切り臨床試験を実施した。鶏舎に入ると見慣れぬ私に鶏は声を出し暴れ出し、鶏舎中に羽と埃が舞い上がっていた。そんな羽と埃が舞う鶏糞の臭いの中で、私は１ヶ月間翼下静脈からの採血に悪戦苦闘していたのだった。

毎日、呼吸器性マイコプラズマ病の症状として個体ごとに鼻を押して鼻汁・流涙・

異常呼吸音の確認をし、１ヶ月間の鶏舎での臨床試験を終えた。そのころにはニワトリたちの顔の識別ができるほどになっていたのだった。

花形とは言えない弱小部署だからこそ、主流である「人体薬の部署」ではとうてい新人が任されることのないような業務を任されるチャンスを得た。

新人がたった一人で他部門との膝詰談判も経験し、入社一年目にして多方面の面々と知り合うことができた。

やがて、新薬製造承認の目処がたつと、製品パッケージについて広報部との打ち合わせや、パンフレット作製など発売準備に向けた仕事に携わることができた。新製品の企画立案・開発・発売の業務を通して、入社三年目で一通りの商品開発の流れを知ることができたのは、弱小部署所属であったからこそ。

その後動物薬部署から異動となりライセンス部、そして花形部署である開発部へと移ることになったが、入社当初の一つ一つが自分の経験値となって積み重なり、失敗したときのリカバリー力も徐々に身についていった。

同じ失敗でも、「リスク管理を最大限に行いチャレンジした結果、運悪く失敗した」と説明することで周囲の理解を得て、チャレンジすることを楽しみ、自分のレベルを上げていったのだった。

この経験は、その後、大きな組織の中で細分化された業務を行う処方薬の開発部門に異動となった際、俯瞰的に見ることができ、大いに役にたつことになった。

2　定年後人生設計　準備その壱（20歳代、30歳代、40歳代、50歳、51歳）

20歳代、30歳代など、自分が定年を迎えることなど想像もできない時期であるゆえ、当時は定年後のライフプランの準備段階などとは考えてもいなかったわけだが、仕事に忙殺されながらも、体力に任せて、興味に任せて、欲望に任せて、精力的に動き回っていた時期であった。

当時の活動は以下のようになる。

クルーザーメイト
陶芸
動物写真撮影（水中・ケニア・南極・北極）
ＭＢＡ取得

・クルーザーメイト

クルーザーに乗っていた、というと、さすがバブル世代、と言われてしまうのだが、オーナーにクルーとして誘われて、五輪チームのコーチの指導を受けてクルーザーレースに出たのは、今考えるとラッキーとしか言いようがない体験だろう。

風を読み、潮を読み、役割分担をこなす。大海原での小さなヨットは一瞬のミスで進路を外してしまう。天候予報情報を持っていても局地的前線通過などは観天望気しかないと気づき、自然の手ごわさを体感した。

加えてクルーザーのお陰で船酔いのしない身体になった。

・陶芸

大学時代の焼き物クラブから始まった陶芸は、就職後いったん離れたものの、40代で近くの陶芸教室で作陶を再開した。

轆轤《ろくろ》で作品を作るようになると、薄く薄く作る方が技術レベルが高そうに思え、何度も指で上下させて薄く作ろうと没頭した。だがいかに薄く仕上げようとも今度は作品に勢いがなくなってしまったり、焼成すると熱で作品がへたってしまうなど、なかなか手ごわく、より没頭するようになる。還元炎と酸化炎が入り混じった釉薬《ゆうやく》の窯変（焼成した陶磁器が予期しない釉色や釉相を呈したり、器形が変形したりすること）に魅せられ、自宅に窯を購入しようとまでエスカレートしたほどであったが、それは

素人の域を逸した道楽であると自粛、
今では好きな作家の作品を買い求め、日常の食卓で料理とともに楽しんでいる。
和食の天才の北大路魯山人氏は「器は料理の着物」と表現した。
実際に陶芸をやっていた時はさして料理に興味はなく、また自分が料理を作ることなど考えていなかったのだが、今では器も料理も楽しむように変化した。

・動物写真撮影

自然・生物への興味は、子どものころは500匹以上の魚を部屋の水槽で飼うくらい取りつかれるほど夢中になっていたのだが、社会人になると動物写真撮影というかたちで触れ合う機会を作り出していた。
野生のライオンやチーターの写真を撮るためにケニアへ、スキューバダイビングのライセンスを取って流氷を背景にしてクリオネの写真を撮るために知床に、ペンギン・シロクマの写真撮りたさに南極と北極まででかけていってしまうほどの夢中加減であった。

野生動物写真協会会員となり動物写真撮影スタート

そもそも写真撮影には興味はなかったものの、たまたま立ち寄った野生動物写真協会の写真展で、サバンナを駆け抜けるチーターや子連れのアフリカゾウの写真を見て、自分も野生動物をナマで見たくなり、野生動物写真協会の会員となった。そして数年間プロのカメラマンが講師を務める教室に通い、その後写真協会のケニア撮影旅行へ参加することになったのだった。

まずは国立公園の広さには圧倒された。

国立公園内では撮影者の安全のため、車の中からの撮影であった。

動物の宝庫と言われているケニアだから、さぞかし野生動物のオンパレードで、富士サファリパークなどの比ではないと考えていたのだが、実際はどこを見渡しても動物の姿はなく、軽くショックを受けたものの、

訪れた観光客に満足のいくアニマル・ウォッチングをしてもらうために、現地では時間帯による動物の移動を考慮可能な動物生態に熟知した現地ガイドも同行し、希少価値の高い動物を発見しては、撮影客の車に連絡を入れて撮影場所へ案内するという、素晴らしい人海戦術でサポートしていただけた。

おかげでデジカメが普及していなかった当時、持ち込んだ36枚撮りのフィルム約250本程度を使い切るほど、撮影に没頭できたのだった。

とはいえ、ずっとファインダー越しでケニアの野生動物を見ていたわけではない。そもそも野生動物が見たくて野生動物写真協会に入会したのだから、サバンナで繰り広げられる動物生態観察に夢中になった。

肉食動物が草食動物を襲う、という定義から考えると、ライオンとシマウマが平和に仲良く並んでいる姿はありえないはずであるが、よく見かけた。

それは満腹時のライオンは、無駄にシマウマを襲わないからなのである。

草食動物も、常に危険に晒された緊張状態にいるわけでもなく、ライオンたちの空腹を満たされた状態となれば自分たちを襲うことはない、と、確実なリスク管理がなされていることに、なんと合理的な生き物なのだろう、と感心したのだった。(片や満腹しているにもかかわらず、別腹などと言って甘いものをむさぼってしまう自分との違いに愕然としたわけだ)

したがって合理的な野生動物の生態から察せられるのだが、ライオンは常に飢えて獲物を狙う迫力のある姿をしているわけでもないし、シマウマは常に逃げまどっているわけでもないのである。イメージ通りの撮影のためにはシャッターチャンスは限られてくる。

余談となるが、ここでプロのカメラマンの言葉を思い出した。

ケニア

「素人の方がいい写真を撮れることも、多々あるんだよね、条件違うから」

素人の作品の方が勝る場合があるその理由は、同じ条件で撮影しているわけではないから、と言うのだ。

プロとは違い時間の制限がない素人は、自分の思い描く状況（百獣の王ライオンがシマウマを襲う瞬間）が出現してくるまでいつまでも待つことが可能であるため、素晴らしい作品を撮れるチャンスがあるということだろう。素晴らしい写真は残念ながら技術ではなく、持っている時間の差ともいえる。どれだけ待てるか、なのだとも言える。

プロの場合、クライアントから撮影の依頼を受け、作品を提出するまでの期限がある。そこでまずは及第点を目指し撮影する。自身が及第作品を得た時点で、その後期限までの時間を使い更なる高みを目指した撮影を行うのだ。すでにクライアントに提供できる作品が得られれば、精神的にも楽になり、さらに完成度を高めやすくなるのだ。

なるほど、と思った。この点は、ビジネスでも使えるテクニックだろうと感じた。複数タスクの同時進行の際、期限同様気を付けなければいけないのが、複数タスクのバランスである。

全ての仕事を期限通りに終了させるためには、自分が及第点と感じた時点で、いったん自分の手から離し、別のタスクを行うのが安全だろう。取り敢えず、全てで及第点が取れた時点で完了とすれば、残った時間を使い、さらに質を上げようと試みる余裕も生まれる。なるほど、写真の技術を学び始めてみるとビジネスで使える多くのことを学ぶことができたのだった。

水中撮影

海水面から４ｍ程度までは海の底の様子を見ることができるのだが、30ｍ近くになると全く海の底が見えず、神秘的な世界となる。陸上の動物や空を飛ぶ鳥の写真は撮影したが、水中の魚の写真を撮影したくなり、スキューバダイビングのライセンスを取得した。

スキューバダイビングでは片腕で岩場に固定したとしても潮の満ち引きで引きずられたり、いったんは海の底に足を着かずに中性浮力で保つものの、タンクから肺に空気を入れた途端、中性浮力が崩れてしまい上下したり、水の中で体を支えることの難しさを実感した。

また撮影したかった被写体に興奮しすぎて呼吸が荒くなり（これはレアケースだとは思いますが？）、泡で魚を驚かせてしまったり、逆に離れて撮影しようとした時、フィンで砂がまってしまい撮影どころではなくなったりと、ダイビング技術がないと話にならないことを痛感、そこで実践を積み、ようやく、それなりの写真が撮れるようなったのは、スキューバダイビングが50本を超えたころだった。

水中という特殊な環境での撮影は、陸上で写真を撮るのとは違い、レンズと被写体の間に水があり、そのため、水中では、間に入る「水」が光を吸収することになる。水に色を吸収されると光は赤色から順番に色を失っていき、最終的には被写体も含め、青一色の世界となる。

当時の水中撮影の最終ゴールは、流氷を背景にしたクリオネの写真を撮影すること

クリオネ

であった。地球温暖化の影響を受け、流氷が北海道に接岸する期間が年々短くなり日本に流氷が接岸の機会が少なくなる可能性があるため、まだ日本に流氷があるうちに潜水撮影をしたかったのだ。

流氷の下のダイビングは、大変危険だとされている。潮の流れで流氷が移動したり、潮の満ち引きで水面の高さが変わってしまったりすることで、出入り口として開けた穴が閉ざされてしまう危険があるからである。

知床でのスキューバダイビング撮影のガイドは常時二人ついての撮影となる。ガイドは私を見守り、問題発生時に対応するために潜水しているので、問題が発生しなければ極寒の中で私を見守るのみ。30分も経過するころになると何度も上を指差し、「上がらない？」と熱心に確認してくる。（「上がりましょう！」と誘ってきたという方が正しいかもしれませんね）私といえば撮影に夢中だったため、毎回、潜水は1時間を軽く超える状況であった。2本潜ると、血中の窒素含有量が規定値に近づくため、午前中でダイビングは終了せざるを得なくなり、午後からは、レンタカーを飛ばし、オジロワシやオオワシの地上撮影を楽しむことになった。

夕刻、地上撮影から戻った際、「今日は鳥がいなかった、今一つでした」と旅館の店主に話したら、「海も陸も撮影しているのに、贅沢なことを言ってはいけません」と窘《たしな》められるほど、当時は動物写真撮影にはまっていた。

南極・北極撮影旅行

南極編：知床でバックに流氷が写り込むような状況でのクリオネ撮影後、同様の状況でペンギンとクジラの写真を撮影したくなり、南極ツアーに参加した。

アルゼンチンの南端のウシュアイアに集合し、そこから、船で2日間半かけて南極大陸に向かう。１００名近い参加者の中で、日本人の参加者は私一人。南極では訪れ

ペンギン

る観光客に対し、12ヵ国で国際ルールを設定していた。

　例えば、ペンギン、アザラシ等にストレスを与えないように、彼らと常に5m以上の距離を保つこと、大声を張り上げない、彼らが歩いている前を遮らない、彼らを驚かすような行動を取らない等の厳格ルールを表示していた。そのルールのおかげで、彼らは人間を恐れることなく人間に接するようになっていた。

　氷河の大きさには、ただただ圧倒されるばかりであった。船が氷河の間を進行中、ちょうどデッキでバイキングランチ中だった私は、船が動いているのではなく、氷河が船の周囲を走馬灯のように流れていくような錯覚を覚えたほどだった。

客船

南極の気温はマイナス2度から2度前後を推移したものの、風がない日が多かったため、寒さをほとんど感じず、北海道でスキーをしていた方が寒かった。寒さ対策のために、使い捨てカイロ、防寒服はほとんど使わずじまいであった。

12日間のツアー中、毎回全員揃って食事をとるので、色々な国の人（20ヵ国）との会話を楽しんだ。船から南極の海に飛び込むイベントがあり、このイベントにはツアー参加者のうち3割近くが参加するという人気のイベントで、もちろん私も参加。何かあった時のために、お腹にベルトをし、スタッフがロープを握りしめる状況で私たちは海に飛び込むのだが、脂肪層が厚く保温効果に問題がないような体型のスイマーも、いざ飛び込んだと思ったら、すぐに水面から上がってギブアップしていた。

一方、私というと、父親が新潟県代表の水泳選手だった。あの古橋選手と同じレースに出たこともあるんだぞ、と聞かされたものだった。

古橋選手とは１９４９年招待選手として参加したロサンゼルス全米選手権で世界新記録を樹立して、アメリカの新聞でフジヤマのトビウオ（The Flying Fish of Fujiyama）と称された古橋廣之進選手である。

そんなオリンピアンと競った父親からの遺伝だろうか、私は水泳がまあ得意なほうでもあった。そこで気持ちよくクロールをしていたところ、船上のオーディエンスから、「ブレスト！」、「バックストローク！」、「バタフライ！」とリクエストをいただきましたから、その声に応じて気持ち良く南極海遊泳を満喫していた。ところが、あまりに長く泳いでいたためか（もしくはスタースイマーへのジェラシーのためか）、スタッフに引きずり上げられ、しぶしぶ船上に戻されたのであったが、その日から、私は"animal Hiroshi"と呼ばれるようになってしまった。残念ながらトビウオとは称されず……。


期待していたクジラの出現があまりに少なかったため、太陽が出ている5時～21時

船から南極の海に飛び込むイベントに挑むアニマルヒロシ

シロクマ

まで一眼レフ片手に甲板に張り付き粘っていたら、今度はパパラッチと呼ばれることになり、アニマルとパパラッチというニックネームで呼ばれる愛されるクルーとなったのであった。

北極編：南極旅行は感銘の連続であったため、調子に乗って次は北極に行くことに決めた。南極旅行から戻ると、タイミングよく北極旅行ツアー企画のパンフレットが届き、早速、ツアー参加の申し込みを済ませた。ツアー会社によると、1年間に北極と南極ツアーに参加した人は私が初めてだったらしい。

さて、北極旅行は、正確に言えば、北極圏の旅行と言った方が良いかもしれない。

ノルウェーの半分は北極圏にあり、私たちは、ノルウェーのロングヤービンという街まで向かい、そこから船で島巡りとなった。南極が想像より寒くなかったため、北極も同様でしょうとタカを括ってしまい軽装で乗り込んでしまったところ、寒さが結構こたえ、まずは後悔。

私が出発前に思い描いた北極は、氷の上を親子連れのシロクマが餌を求めて彷徨い歩いているというクールな風景だったのだが、ところが、実際には、シロクマはいたものの、魂が抜けた着ぐるみのようなクールとは言い難いいで立ちであった。

冬場であればアザラシが氷の張った海水面の一部の穴から呼吸のため浮上した瞬間を狙ってシロクマが襲いかかるシーンがあるはずであるわけだが、海水面に氷が張らない夏となるとシロクマは、泳ぎの勝るアザラシを捕獲することはできず、よって夏場には狩りはしない。加えて白くて厚い毛皮を着ているために、激しい活動は体力を消耗してしまうだけでなく体温上昇にもつながり危険な状態となるために、夏眠という言葉は存在しないとはいえ、冬眠しているかのように覇気もなく、ボーッとしていて、全く絵にならない状態であった。ただし、いつ何時、飢えたシロクマが襲ってくる可能性はゼロではないため、隊列の前後にライフル銃を持ってスタッフが警備にあたるのだが、なんとも腑抜けのシロクマと銃を持つスタッフの姿は、なんともちぐはぐに映った。

さて、北極旅行も南極旅行と同様の泳ぐイベントがあった。

イベント当日は雪が降り風も強かったので、この状況で泳ぐ人はいないだろうと油断していたスタッフの期待を裏切り、元気の良いカナダ人高校生と中年日本人の私、2名が手を挙げた。

男子高校生と中年男子が波打ち際で水着に着替えて臨戦態勢モードに入るも、スタッフからは制止がかかる。

「すみませ〜ん、まさか、この状況で泳ぐわけがないと思ってバスタオルの準備をしていませんでした。小型ボートで船まで取りに行ってくるのでそれまで待ってもらっていいですか？」と。

ここで？　今更？

なんとも要領の悪いスタッフさん、というよりも、普通、泳がないでしょ、こんな雪の降る悪天候で泳ぐわけ？と、規格外の参加者の出現は想定していなかったのかもしれない。

仕方なく海パン一丁で、風吹く、吹雪の中での待機は結構、堪え、スタッフの要領の悪さを呪った。そのあとの海水の中がどれほど、暖かかったか！

海水の心地よさを味わいつつしばらく泳ぎ、振り返ると岸から大分離れていたのだが、海岸でスタッフが戻って来いと手を激しく、そして力強く振っている姿が見えたので、おとなしく戻ると、スタッフからは、Crazy の一言。

最終日に行ったお別れパーティーでも、スタッフから「こんな吹雪の中、泳ぐ人間がいるなんて、本当に crazy」。振り返る人たちも含めて、一斉に、私は注目を集めることになったのだった。

（南極ではアニマルと呼ばれ、北極ではクレージーと呼ばれたが、どちらも光栄です！）

南極に続き北極撮影旅行を敢行したわけだが、北極ではシロクマを避けて動き回らなければならない制約を受けるのに対し、南極ではルールを守れば活動範囲の制約がない自由な場所であり、数種類のペンギンの撮影を楽んだことを思い出すと、もう一度南極へ行きたい！という気持ちが日に日に湧き上がってきた。

1週間強の撮影期間では物足りなかった。今度は夏ではなく冬の南極で、じっくり皇帝ペンギンを追う撮影がしたくなった。

そこで北極から戻ると、早速、国立極地研究所のＨＰから南極観測隊の募集要項を見て、応募しようと自分が該当する項目を探した。

調査研究はほとんどが地質関連で、自分が専門とするような生物系の研究項目はなし。

だがあきらめきれず、東京都立川市にある国立極地研究所に直接電話し、確認してみた。

(私)「生物系の研究項目はありませんでしょうか?……」

(担当者)「ある場合は、地質学の研究者が兼任しています」。

(私)「私は流氷の下を潜り、クリオネの写真を撮影したこともあり、また、夏場ですが、水着で南極の海で泳いだこともあるのですが、氷の下を観察する仕事はないのでしょうか?……」

(担当者)「ありません」。

(私)「それでは、新しい研究課題を提案した場合、受理することはありませんで

写真展の写真

写真展のチラシ

南極・北極で写真撮影敢行

守谷で会社員が作品展

戯れるペンギンのカップルや餓死したとみられるホッキョクグマなど、南極と北極の生き物の生態を捉えた写真展「酷寒に生き抜く動物たち」が、守谷市御所ヶ丘の市民活動支援センターで開かれている。

展示されているのは、国内外で動物の写真を撮っている同市ひがし野、会社員梶井寛さん(54)の作品約30点。一般人が南極大陸に行けるツアーがあることを本で知った梶井さんは今年2月、「これまでに撮ったことのない写真を」と思い、アルゼンチン南端から往復する12日間の船旅に参加した。

人間を気にも止めず、目の前を平気で横切るペンギンや、珍しそうに近寄ってくるアザラシにレンズを向け、眠っているアザラシを見つけた時には、10㍍まで近付いて愛らしい寝顔をアップで写した。船上からは、巨大なザトウクジラやミンククジラを撮った。

8月には12日間、ノルウェーの北極圏の島々を回った。梶井さんは撮影旅行を通して、「厳しい環境下で生き抜く動物たちから、肉体的な強さより精神的強さが重要だと諭された」という。12月1日まで。月曜休館。午前10時～午後6時。24日は午前10時30分から、梶井さんの解説によるスライド上映会も。問い合わせは同センター（0297・46・3370）へ。

作品の説明をする梶井さん

2013年11月22日読売新聞

しょうか?…」

（担当者）「ありません」

と全て却下され、撃沈状態。

ふと、「料理人としてはどうか?」と思いつくが、少ない食材で隊員の胃袋を満足させるだけの技量もなく、あまりに無謀な選択を考えていた自分に気づき、自ら却下。

これには、更なるオチがある。道場六三郎氏が手掛ける和食ダイニング、「銀座ろくさん亭」に行った際、極地研の話をしたところ、料理人の中の一人が、三度、募集に申し込み、落ちてしまったとのこと。条件に経験年数もあるわけだが、料理の鉄人道場六三郎氏が認めた料理人と同じ試験を受けようとしたなど、あまりに自分を知らなすぎる挑戦にわれながらひそかに赤面した次第であった。


こうして、私の南極への再訪問の機会はなくなったのだが、南極＆北極で撮りためた写真は知人の紹介を受けて個展で披露することになった。1ヶ月間の初個展開催中に読売新聞の取材を受けるなど、素人カメラマンの晴れ舞台を作っていただいたのはいい思い出である。

した。

・ビジネスブレークスルー大学（ＢＢＴ）大学院に入学

事業を始めるには経営の知識も必要だろうと考え、51歳でビジネススクールに入学した。

ＢＢＴでは最低2年以上の就業経験が入学条件となっており、実践を積んだ人間の学びの場であった。研修として受講費用は会社もちの受講生もいたが、多くは、現在のステータスを上げるため、であったり、転職を考えて、とか、起業のため、といった理由で受講する勤労学生の集まりであり、実際に起業を目的としている私としては理想の場であった。

各教科の成績は毎回の課題ごとに、投稿発言をしているかどうかで決まる。「発言するため」だけに、「私も同意見です」などと苦肉のコメントを出した生徒は、講師に「あなたの好き嫌いを聞いているのではない。ファクトを述べた上で、なぜ、賛同するのか、自分の意見を述べるように」と手厳しくその発言を削除されていた。「投稿発言」「発言を削除」という表現をしたが、ＢＢＴの授業はオンラインであったため、学生の回答は全て文章でＷＥＢ上に公開提出、講師に公開評価される、という授業システムであった。

オンライン授業といったが、まだＺｏｏｍもチャットもない時代のオンライン授業では、顔を合わせたこともない多くの学生と、オンラインでかわす回答の文章だけのお付き合いとなった。今どきのＳＮＳと違って投稿後は削除どころか一切の修正もできないシステムであった。だからこそ、各々の投稿文章から相手の本気度が伝わり、触発されることも多かった。難解な課題が出た時などは、会社から帰ってから睡眠時間を削っての課題取り組みとなったが、苦にならなかった。

ＢＢＴの授業の中でディスカッションの語源を知り、はたと膝を打った。

議論するという意味の"discuss"は、"dis-"と"cuss"に分解できる。"dis-"は、現否定の接頭語で、"cuss"は罵る、恨むの意の"curse"を意味するという。つまり、お互い、恨みっこなしが、「ディスカッションしましょう！」の語源である、という一説もあると知った。

議論する前提は、個々が感じる意見に対して事実を基に論理展開し、他者が、賛成にしろ、反対にしろ、その意見の内容を納得することがベースにあってしかるべきと考えられる。

確かに、「空気を読む」などと、その場の空気に配慮するに越したことはないだろうが、自分の意見に責任を持って明確に述べることの方が上位概念に来ると学んだのだった。

有名なハーバードビジネススクールの卒業生は、その学歴よりもそこで得た人脈が貴重であると感じているらしいが、私が受講したこのビジネスブレークスルー大学大学院も同様なことが言えると感じている。実際私の起業に当たってはありがたいことに同期や同窓生から様々なアドバイスを受けることができた。

40歳代では会社ではプロジェクトリーダーを任され、仕事にも満足感を覚えるようになっていた。

まさに寝る時間を惜しむほどにオンもオフも動いていた。

めったに過去を振り返ることをあまりしない猪突猛進の自分の干支は、まさに亥なのだが、この充実していた時期を振り返ってみると、失ったものに気づく。

それは家族。実際には失ったというより、手にすること、築くことができなかったもの、と言えるかもしれない。

夫としての自分は一言で言ってしまえば昭和の関白亭主だったと思う。今と違い、女性は寿退社でなくとも、出産を機に専業主婦になるパターンが大半であった。出産を機に妻も専業主婦となり、家のことは奥さん任せであった。

例えば子どもの教育に関して、妻に全て任せたのは自分よりも成績優秀であった妻を信用してのことであったのだったが、ここできちんと説明する努力を怠ったために、妻からは子育てに非協力的な父親と判を押された。さらに娘たちが思春期を迎えると母親と娘たちとの結びつきはさらに強くなり、私一人が孤立し、家庭内別居の形となっていった。

パパの洗濯物といっしょに洗わないで、という話はよく聞くし、思春期の女の子の父親嫌悪のケースは珍しくないだろうが、

「必要とされていないなら、仕方がない」と自らの夫または父親としての孤立を良しとして、週末は自分の趣味にかまけて、信用挽回に動かなかったのはなぜか？　血のつながりを過信したのかもしれない。娘たちとは生物学的には切れないわけだから、と胡坐をかいた。妻が熱を出しても、ゴルフに行った。（完全にアウトだろう！）

娘から「どうして仲が良くないのに、お父さんとお母さんは一緒にいるの？」と言われ、「確かにそうだな、仲が悪いのに一緒にいるのは不自然だな」と思い、その後、次女の大学入学後に離婚した。（じゃ、仲良くしてみるね、という発想は全くなかった）

今考えると、ずるかったな、と思う。娘の意見をきっかけとして「自分が」離婚を選んだ、と、離婚当時はそう自分を納得させていた部分もあった。

だが、今は違う。

離婚を望んでいたのは、娘たちの方だったかも、と思うようになった。

まさか、両親の離婚を望む子どもがいるだろうか？と思う一方、高校生の女の子が、「仲が悪いのにどうして一緒にいるの？」というような幼稚な質問をするだろうか？

両親の不仲に傷ついていたのだろうな、と。いや、もっともっと幼いころから彼女たちは傷ついていたはずだ。

高校生女子の「なんで一緒にいるの？」という問いは、「一緒にいないで（つまり、離婚して）」という本音を言えなかっただけかもしれない。

「パパが帰ってくると、ママが不機嫌になるのは、迷惑なんだけど？」ということだったのだろうか？

両親の不仲に傷つくどころか、すでに俺は彼女たちの憎しみの対象になっていたのかもしれない。

本当のところはわからない。そもそも、家族で話し合う関係性もとうになかった。

身体はデカいが奥手であった私は、小学校、中学校と全く異性に興味を持つことがなく、野郎同士でつるんでいた。

高校は無菌状態の男子校であり、男女交際は大学デビュー、そんなうぶな男も大学入学後には一人前に恋をした。だが純粋に結婚を前提に4年間もお付き合いしていたにもかかわらず、先方の両親に結婚を認めてもらえずに、失恋することになる。

結婚を認められない理由は「娘は医者と結婚することに決めてますから」とのこと。まるで医学部受験の失敗のかさぶたを剥がされたかの如く、心がえぐられた。

しかしながら初めての恋愛で失恋を食らったのにもかかわらず、「彼女に嫌われて別れたんじゃない、彼女の親に嫌われたんだから」とポジティブ思考で、落ち込んだのはその日だけ、と、さっぱりしたものだった。

だが、やはり、急に一人になると寂しくなり、次の出会いを、と行動に移すと、ちょうど同様に「彼氏と別れたばかりの後輩」が現れ、その後輩も同様に寂しさを感じていたのかどうかはわからないが、急展開で付き合うことになり、1年後には結婚した。

周りには「変わり身が早い」とか「運命的な出会い」などとも言われた。

しかし勢いで付き合い始めたころは気にならなかった、お互いの人生観の違いなど、実は徐々に感じ始めてきていたのだが、時はすでに遅く、結婚という大イベントの流れから離れることはできなくなっていた。

「電撃婚約」などと冷やかされてたものだったが、お互いのことを理解しあうこともせず、陳腐な言い方だが、「愛をはぐくまずに」永遠の愛を誓ってしまった結果が、20年後の離婚につながったのかもしれない。

実は結婚式の段取りが始まったころに、母親に結婚をやめたい、と相談したことがあった。しかしなぜか母親は驚く様子もなく、ただ「もうやめられないよ」と言っただけだった。

単なるマリッジブルーであることを願って、結婚をしたが、残念ながら夫婦間のきずなは深まることはなく、隙間が大きくなっていくばかりであった。

典型的な仮面夫婦だった。子どもの運動会の応援で、夫婦二人でいるときは一言も口を利かないのに、他の保護者たちの前では、言葉を交わしあった、普通を装って。

あれほど会社では目標達成のために意見を交わし戦ってきたはずの男が、家庭では価値観の違いを理由にして、白旗を上げてしまったのだった。

本音をモットーとしていた男が、仮面夫婦を演じてた、などと、最低だな、と思う。

戦いもしなかった。

言い争ったりすることもない夫婦だった。

自分から離婚を申し出た。

財産分与など弁護士を立てることもなく、全て妻に渡し、2人の娘は妻とともに去っていき、一人になった。驚くほどあっという間であった。

異議申し立てなどもなく、おそらく妻も同じことを考えていたのだろう、と思う。すでに家庭内離婚のような状況だったから、別に法的手続きは不要と考えていたのかもしれない。

離婚後、しばらくぶりに会う友人知人には、「どうしたの？　ずいぶん元気そうだけど？　いいことあった？」と言われるほど、表情が明るくなっていたらしい。「離婚したんだけど」というと、みな唖然としていた。

一人になって、明かりのついていない家に帰るようになると、寂しいどころか、気持ちが軽くなり、一人で食べる飯がうまくて気持ちは軽くなる一方体は重くなり、離婚後あっという間に体重が三桁目前となり、慌ててジム通いをスタートしたほどであったのだから。

明かりがついている家に帰っても「お帰りなさい」の声もかけられず無視され、食事も別々にとるような孤独な生活に疲れた、などと言ったら、関係修復に動かなかった結果だろう、身から出た錆、甘えるんじゃない、と言われてしまうだろう。

はたから見たら、当時仕事も趣味も貪欲に楽しむ40代のアグレッシブ男に見えたかもしれないが、実は居場所がなかった家庭から離れ、仕事や趣味に逃げていたのかもしれない。失敗を引きずらない性格の私が、唯一引きずる過去なのだ。

様々な経験を積んだ20歳代から50歳までの時期、それなりの苦労・失敗もあったが、だが、後悔も含め自分の人生に関して本心から納得している。

3　定年後人生設計　準備その弐（茨城移住52歳から定年60歳まで）

齢50を過ぎて、定年後の起業を思い立つ。

サラリーマン時代の延長での同業種起業ではなく、異業種起業であれば経験も知識も倍になり新天地起業にはむしろメリットが多いと考え、料理にかかわる仕事での起業を決める。

大学卒業後、製薬会社に入社したが、35年もの間それ以外の職種は知らない。その私がなぜ薬膳料理店を目指そうとしたかと言えば、今まで経験した自己満足の趣味とは異なり、料理は作って楽しみ食べて楽しみそして人を幸せにすることのできる三拍子揃った行動であると感じたからだ。

そして起業失敗原因の第一位は準備不足であることを知り、定年を起業のタイミングとし、50歳からの10年計画で動き出した。

50の手習いは以下のように……。

・蕎麦開業コース（江戸東京そばの会）

・大阪あべの辻調理師専門学校入学（通信教育・スクーリング）（西洋料理・日本料理・中国料理・和菓子）
・国立北京中医薬大学　日本校　薬膳科　入学　国際中医薬膳師　取得
・飲食店開業セミナー　受講
・寿司アカデミー　入学
・ピザ開業コース　受講
・狩猟免許取得
・体験農業（山菜採り・キノコ採り）

・蕎麦の開業コース（江戸東京そばの会）

２０１１年につくばの研究所に異動となり茨城県守谷市に転居、その年の年末、居を構えたマンションで蕎麦打ち体験教室が開かれた。茨城県は「常陸秋蕎麦」というブランドの蕎麦が有名でもあり、蕎麦打ちには興味を持ってたので、張り切って参加した。

その後、月1回の割合で開かれている蕎麦の会に勧誘され、参加することになったのだが、会員の多くはリタイアされた年配の方々がほとんどで、50歳過ぎても「そこの若者」と呼ばれ、新鮮な気持ちで蕎麦打ちを学ぶことになった。

興味を持つと突き詰めたくなる性格の私は、その後、月1回の蕎麦打ちの会だけでは満足できず、翌年には東京都葛飾区の京成立石にある「江戸東京そばの会」の開業コースに通うようになった。

つくば勤務になる前の都内勤めだったころ、飲兵衛の聖地の一つとされる昭和レトロの雰囲気を醸し出すお気に入りのお店も多い立石は、職場の同僚と飲みに行っていた、なじみのエリアでもあった。

その立石で、蕎麦の授業があるのであれば、授業終了後、近くで飲んで帰れる一石二鳥パターンとなることもあり、京成立石の「江戸東京そばの会」へせっせと通うことになった。

蕎麦屋さんが店舗のガラス張りの向こうで、デモンストレーションとして作業をしているのを目にするが、手際よく蕎麦が延されていき、延した蕎麦が折りたたまれ、リズミカルに蕎麦の形に切られていく姿に惚れ惚れしてしまう。

「木鉢三年、延し三ヶ月、切り三日」という言葉がある。蕎麦打ちの工程では木鉢を使った水回しが最も重要で身につけるのが難しいのだが、これが手打ちの基本作業である。水回しはできるだけ素早く、また入念に攪拌することが重要で、この作業が上手くいかないと、後工程で蕎麦がちぎれてしまったり、上手くまとまらなかったりする。

蕎麦打ちの数をこなし、ぼそぼその蕎麦だったり、きれぎれの蕎麦だったり、とトライアンドエラーを経て、やがて年越し蕎麦は自分で打つようになり、ご近所さんにもふるまえるようになってきた。われながら、上達したものだ、とうぬぼれているところではある。

・大阪あべの辻調理師専門学校入学（通信教育・スクーリング）（西洋料理・日本料理・中国料理・和菓子）

結婚するまで自宅で過ごし自分で料理をする機会もなく、結婚後も食べる専門のまま年を取っていった。だが離婚後茨城単身移住をきっかけに、料理に目覚めた。都会と違い、帰宅が遅くなると開いている店などなくなってしまう。そこで必要に迫られて料理を始めたのだった。

そもそも、飲食店原価率が3割程度と聞いていたので、「であれば、食材に3倍かけて自炊すれば、美味しいものが食べられる」という考えに至った。

「安く美味いものを食べられるぞ！」とにやにや笑いが抑えきれなかったのだが、しかし、その思いつきは、すぐに萎《しぼ》んでしまった。なぜなら、料理の腕がなければ、いくら食材にお金をかけても、美味しいものを食べることができないことに気づいたからである。(当たり前すぎる話だが)

そこで、料理の専門学校で料理の腕を磨けば、たとえ夜中でお店が閉まっていようとも、いつでも美味しいものにありつけると考えた。そうだ、料理を学ぼう!

平日は会社での仕事があるため、学校に通うとなると、夜学か、週末かと限られてくる。欧米とのＷＥＢ会議は夜間開催となるため夜間通学は無理。

また海外出張は週末をはさんでのスケジュールとなるため、土日の通学も無理。

そこで選んだのが、通信教育の受講も受け付けていた大阪あべの辻調理師専門学校だった。

まず55歳で西洋料理からスタート、その後、日本料理、中華料理、和菓子を学んだ。

毎月送られてくるテキストとＤＶＤをもとに課題料理を自宅で作り、それを写真に撮り、レポートとともに、送り返す。

翌月、講評と共に、回答が送られてきて、さらに復習をする。これの繰り返しで学んだのだ。

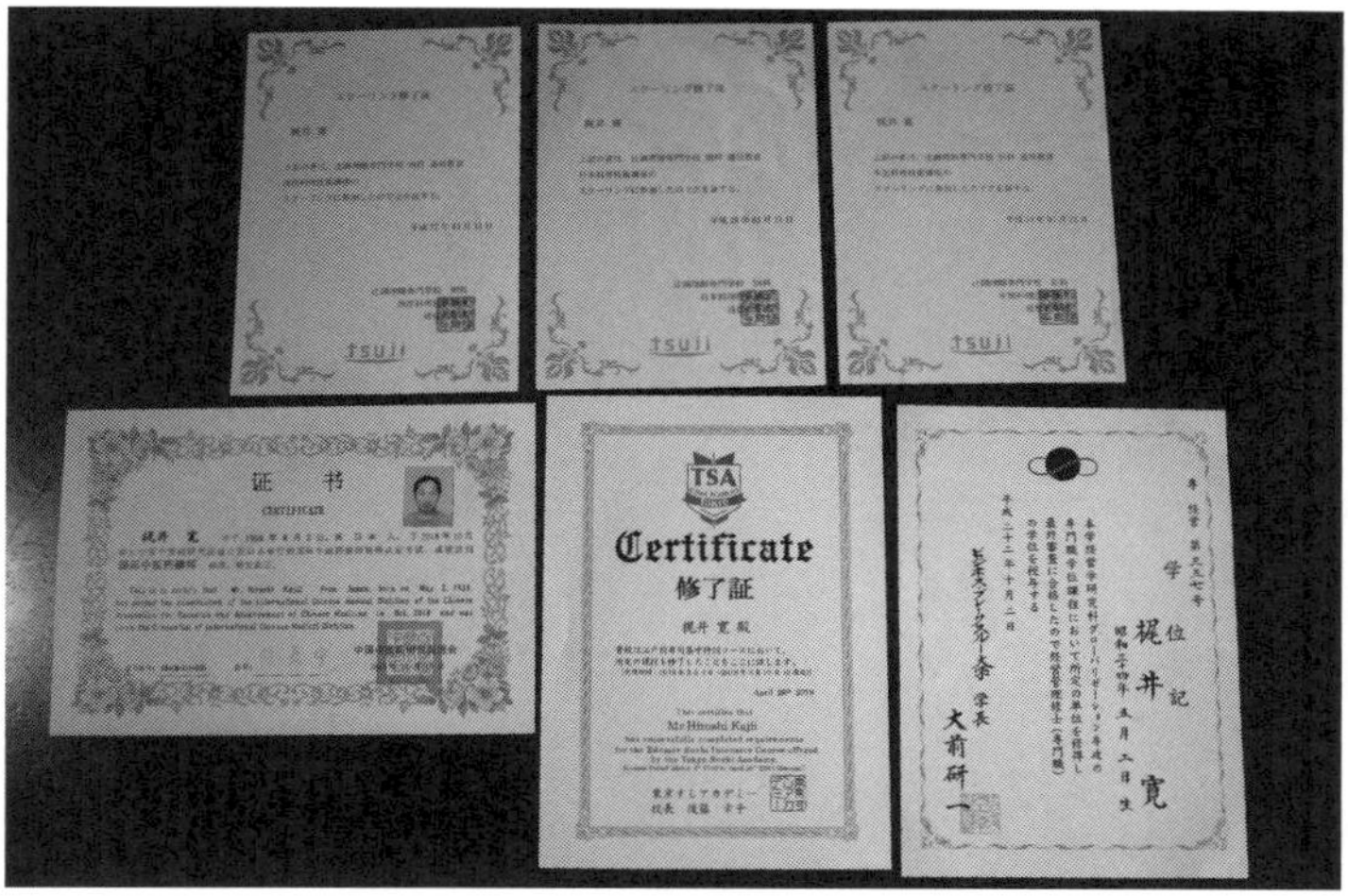

資格免許証等

テキスト、レポート

年に2回、8月と3月には大阪阿倍野校でのスクーリングを受講し、テキストで掲載された料理をリアルで講師の指導を仰ぎながら、調理実習の授業を受けた。

料理の東大とCMで謳われていたように辻調理専門学校はご存知の通り、名だたる有名レストランに数多くの料理人を輩出している。

あえて、「男の料理教室」ではなく通信教育とはいえ、プロを目指す学生を対象とした専門学校で学んだことは、価値があった。

フランス料理では、ブイヨン（Bouillon）、フォン・ド・ヴォライユ（Fond de volaille）、フォン・ド・ヴォ（Fond de veau）、フュメ・ド・ポワソン（Fumet de poisson）を学び、（こんなに出汁に種類があるとは知らなかった）、日本料理では、昆布とかつお節のだし汁を、中華料理であれば、上湯、毛湯、白湯、といった、まさに基本のベースから学ぶことができたからだ。

実際自分が本当にそこまでのプロレベルのものを作れるのか、毎日毎日何時間もコンロ前に陣取って寸胴鍋の灰汁をとっているのか、ということは別問題として、「お手軽」で「簡単につくれる」料理ではなく、プロレベルの料理を学べたのはいい経験であった。

スクーリングで1週間大阪に滞在した際には、辻調からの最新内部情報を入手して

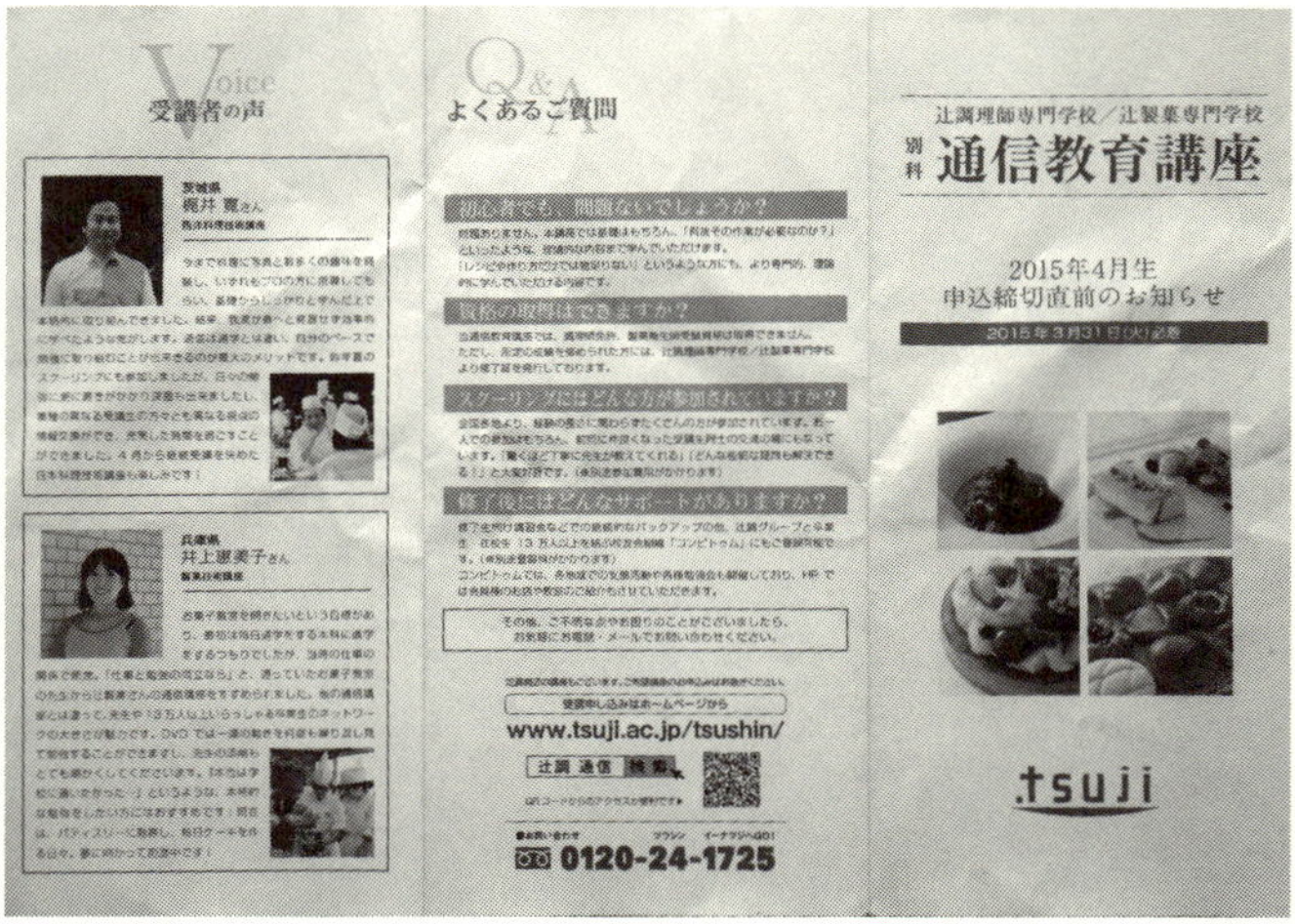

パンフレット

の予約困難レストラン巡りもまた楽しい経験であったし、プロを目指す学生と同じテーブルで同じ料理をいただくことは、大変刺激となった。彼らの料理だけではなく、調度品、サービスも含むトータルを観察するという態度は、それまで「うまい、うまい」で終わっていたただの食いしん坊の自分を恥ずかしく感じさせられるものだった、ある種の洗礼ともいえる補講授業でもあった。

またすでに開業してオーナーシェフとなった辻調卒業生による開業セミナーも受講した。現実と自分自身が考えるズレを最小化するために、大阪阿倍野校と東京国立校で開催された計7回のセミナー全てに出席し開業への準備を進めた。（熱心に質問

をする姿を見て講師からはすぐに開業する人間と勘違いされていたらしい）

・M&Aオークション「飲食店独立開業塾」受講

そもそも1度きりの人生、一つだけの業種の仕事しか経験しないのは己の潜在的可能性を失うことになる、と、なんとも惚れ惚れするような理由で定年後の未経験業種での開業を計画したのだが、それがいかにどえらい挑戦であることは十分自覚していた。挑戦とは成功すれば勇気ある行動、失敗すれば無謀な行動、と言われるものだ。

日本政策金融公庫の２０１８年度新規開業実態調査（回収数１７４６社）の以下の結果、

1、開業時年齢は40歳代35・１％、30歳代の31・８％、

2、開業動機の50・８パーセントは「仕事の経験・知識や資格を活かしたかった」をみて、自分自身に当てはめてみると齢60を過ぎての開業は数パーセントで、「未経験業種での開業」は、ほぼない、というまあ、完全な例外パターンであることは数字的にも証明されてしまっていた。

同じく日本政策金融公庫の「新規開業パネル調査」（調査期間２０１１～２０１５年）によると、業種別廃業状況に関しては全業種の廃業率平均（n = 1,413）が10・

2%であるのに対し、飲食店・宿泊業の廃業率は18・9%（以下情報通信業の15・8%、小売業の14・5%）最高確率をたたき出していることもわかった。

先に述べた辻調理専門学校の先輩が講師を務める飲食店開業セミナーでは10年間類似した料理店を続けられる確率は3・8%だということも聞いていた。

まさに一番、ハードルが高い業種をこれから選ぼうとしていることを実感、しっかりと、手綱を引いてかからなければ……。

そこで、M&Aオークション開催の半年間の「飲食店独立開業塾」を受講したのであった。

半年間の講義の内容は、以下のようなものであった。

第一講　独立開業の心得
第二講　コンセプト作り
第三講　収支モデルの策定
第四講　正しい物件の探し方
第五講　内装工事の基礎知識

第六講　投資計画・資金調達
第七講　物件契約のポイント
第八講　人材採用・人材マネジメント
第九講　新規集客のポイント
第十講　接客・リピーター作り
第十一講　開業書手続きと経理の基本
第十二講　オープン準備&店舗立ち上げ

趣味も含め、新しいことをやり始めようとする場合、その道のプロから直接、教えを受けるのが一番早道だと考える。全般的なことを効率よく学べるからだ。

独学で始められるのであれば、費用もそれほど掛からず時間の融通もきくのだろうが、全体が見えていないため回り道も多いように感じる。

飲食店が開業してから二年以内に撤退してしまう割合は、40％もあるのだが、飲食業は参入障壁が低く、その道の経験が乏しくとも、開店できてしまうという背景もあるらしい。

今回、材料費、人件費、賃料だけでなく、内装費、設備費等の初期投資費用、減価償却費、リース料および光熱費等の飲食店の種類別の費用に関する膨大なＤａｔａの平均値を基に、自分が経営したいお店の経営のシミュレーションを条件を変えて行えたことは大変意義があった。

お店を開業することばかりに躍起になり、肝心のお店のコンセプトをなおざりにしてしまい、撤退するケースが多いとのこと。コンセプトによってターゲットが決まり、ターゲットによって提供する料理が決まり、料理によって客単価が決まり、何回転するかで店の売り上げが決まり、損益分岐点が決まると教えられた。重要なコンセプトを検討することになった。

料理の技術はプロから学ぶも、遅いスタートでは大きなハンデがあることを実感し、同じ土俵で「料理する」のではなく、自身の薬剤師資格と製薬知識を活かす「薬膳料理」でのブランディングをきめた。

・国立北京中医薬大学　日本校　薬膳科　入学　国際中医薬膳師　取得

飲食業は参入しやすい一方、生き残るのは非常に困難である現実から目をそらすことはできない。

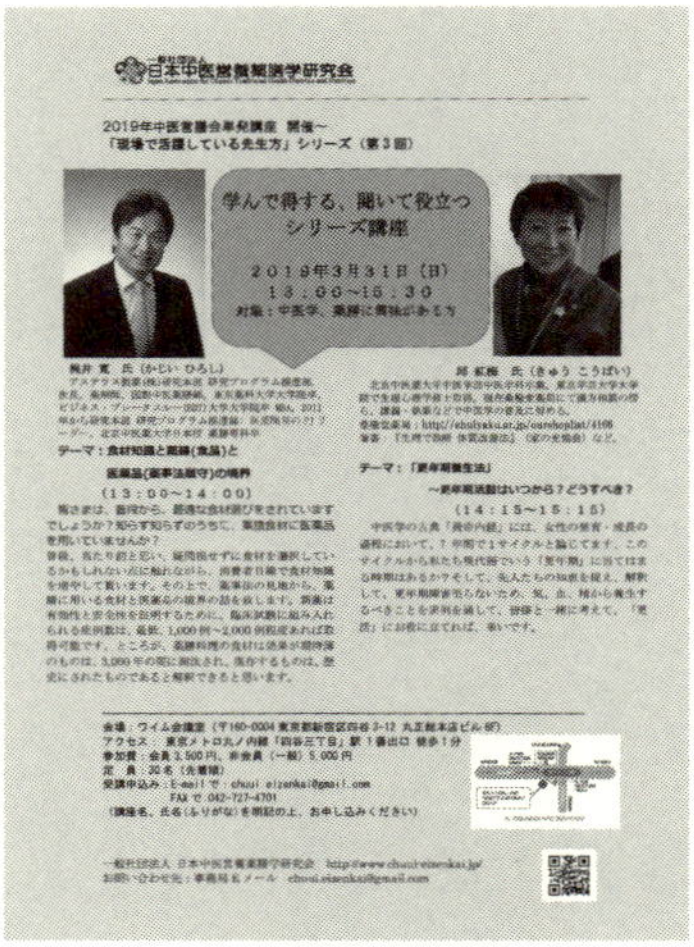

2013年3月講演会チラシ

製薬会社での経験を料理に活かせる薬剤師シェフによる薬膳料理、というテーマに行きつき、早速、国立北京中医薬大学の日本校（２０１８年１月より「日本中医学院」に校名変更）の薬膳科に、１年間通うこととなる。

薬膳科では1年間をかけて、中医基礎理論、中医診断学、中薬学、方剤学、中医内科学、中医栄養学、中医薬膳学、調理実習及び弁証施膳トレーニングを受講し、卒業後、国際中医薬膳師の資格を取得するのが一般的である。

大学の授業で薬用植物学を学んだものの、生薬名・漢名・部位・基原植物・科名・ラテン科名・用途・主な成分を機械的に記憶

竹炭練りきり

しなければならず、その暗記が苦行でしかない私であったが、国立北京中医薬大学・同大学院に日本人として史上初めて合格し、中国政府給費奨学金研究生として『傷寒論』の研究をされた小金井信宏先生に惹かれ、国立北京中医薬大学日本校で薬膳を学んだ。

受講生の年齢層は様々だったが、学園祭もあり、自分は竹炭練りきりを出品、即完売となり、クラスメイトと盛り上がったのもいい思い出である。

・寿司アカデミー

日本の国土面積は世界では62位と小さいものの、海岸線の長さで比較すると、いっきに世界6位まで駆け上る。排他的経済水域（ＥＥＺ）の面積も世界6位。世界三大漁場の一つの三陸・金華山沖は親潮（寒流）と黒潮（暖流）がぶつかる潮目であることに加え、三陸沿岸に連なるリアス式海岸や多くの島々の点在が魚の絶好の住処となるため、非常に豊富な種類の魚介類が水揚げされている。

となれば、日本の料理人として、魚料理に手をつけないわけにはいかないだろうと、寿司アカデミーの江戸前寿司2ヶ月間集中特訓コースを受講した。ここでは、寿司を握る技術のほかに数多くの魚のさばき方を学んだ。

入学当初の自分がさばいた刺身は、切り口に光沢がなく全く美味しそうに見えず、さらに舌触りもよくなかった。その理由は、当然自分の技術不足もあるのだが、まずは基本中の基本である、庖丁砥ぎに問題があったことに改めて気づくことになる。

プロは仕事終わりに包丁を研ぐ。素人は切れ味が悪くなってから、砥石を持ち出し研ぎ始めるのだが、プロは切れ味が悪くなる前に研ぐので最低限、毎日、砥ぐのである。

プロではないが、寿司アカデミーの学生であった2ヶ月、毎日庖丁砥ぎをした。さすがに2ヶ月でプロのすし職人にはなれなかったが、庖丁砥ぎの技術は確実に上がった。今ではご近所さんの包丁をお預かりして砥ぐこともある。

タラの芽

薬膳料理をするにあたってオリジナリティーを出すために鮨の要素を取り入れようと寿司アカデミーに入学した自分とは違い、卒業後お鮨屋さんに就職したり、鮨屋に限らず飲食業を営む家業を継いだり、海外で鮨屋を開業したり、と、寿司で活躍する同期の姿は常に自分の刺激となっている。

また、料理を学ぶうちに食材そのものの重要性に覚醒し、山菜やキノコ採り、狩猟を通して自ら食材を調達する術を得る。猟友会に属することにより、より地元農家さんとの結びつきが密になり、食材入手ルートを開拓することができた。

ビジネススクールや調理師専門学校、中医薬大学で学ぶと同時に、得た知識をもと

蕗の薹

ヌメリスギタケモドキ

杏仁豆腐

にリサーチ活動も行ってきた。
リサーチ活動は以下のように……。

・地元飲食店リサーチ（客層・客単価・メニュー構成・サービス）
・三ツ星レストラン・ホテルリサーチ（最高級といわれるサービス・超一流といわれるおもてなし）
・オリジナルレシピの「杏仁豆腐」の試食会（プロモーションと、ニーズ調査）

このリサーチを、在職中に行ったことには大きなメリットがあった。
大企業のサラリーマンであったことはまぎれもなく大きな信用に結び付いていた。
また起業前のアマチュアであるがゆえに、

図々しくも試食（杏仁豆腐）の感想を求めることが容易であった。

全く縁もゆかりもない異業種の飲食業界で、ゼロから信頼関係を構築するには大変な労力を要するのであろうが、所属する企業ブランドが後ろ盾になってくれたのは確かである。

地元ネットワーク構築のため、会社員の身分のまま商工会会員となり、筑波大学附属病院漢方外来の先生とコラボ提案し受理されたのだが、これに関してもアステラス社員という肩書の効力はあったはずだ。


レストラン巡りや習い事に励む姿を見て「50の手習いにしてはずいぶんと本格的な……」とため息をつかれたものだった。「経済的にも体力的にも、まねできない」とも。

実際、仕事のほかに夫婦で分担して育児家事を行い、子どもの教育費がかさむ30～40歳代の会社員では時間と費用の捻出は難しいだろうが、齢50を超え子育ても一段落すれば、子どもの教育費を自分の教育費に回せる。あとは体力と気力、好奇心かな。

現在の妻と出会ったのは55歳の時だった。よく笑い、よく食べ、よく飲む、私と同様の食いしん坊である彼女とは、話してみると共通の知人もいることもわかり、意気投合、出会ったその日にデートを申し込んだ。

その、よく食べ、よく飲み、よく飲む（2回言いましたね）彼女とは、実にいろいろなところへ行った。（いろいろなところへ連れまわした、かな？）

結婚には1度失敗している。今度はじっくりと時間をかけて関係性を築いて、4年後の定年前の59歳で籍を入れた。

もともと母親似の面長な女の人が好みだったが（理想の女性は母親などというとマザコン、と言われてしまうかもしれないが）、今の妻は丸顔で、申し訳ないが好みのタイプではないはずなのに、なぜか一目ぼれ。聞けば妻も、線の細い繊細タイプが好みだったらしく、であれば私は明らかに圏外だったはず。それなのに……だ！

縁とは不思議なものだ。だが、ここでソウルメイトだとか、運命的な出会い、とか語るわけではない。

ただ、彼女と出会ったことで、私の人生は変わったのは確かだ。

そもそも、定年前も定年後も実は関係なく、常に自分の人生を存分に楽しむ準備をしていた。

・定年後人生設計エポックメーキングあるいはターニングポイント

単身茨城移住　守谷市～つくば市

茨城移住はそもそも定年後のライフプランにはなかった。

50歳を過ぎてつくば市の研究所配属となり、家族構成の変化に伴い自由度が高まり（平たく言えば離婚したわけですね）茨城県への移住を決めた。

新宿生まれ新宿育ちの自分としては「都落ち」などと自虐ネタとなるような茨城移住だったのだが、転居してすぐに、住めば都、などというレベルではないほどまでに茨城愛が高まった。

茨城移住の際には、「守谷市」という最も都心に近い茨城エリアを選ぶなど、まだまだ都心への執着があったものの、

移住後には美味しい茨城に夢中になる。

地元の自然観察の会やら野鳥観察の会やらに参加して茨城の自然情報を得て、山菜ハンターよろしく蕗《ふき》の薹《とう》やタラの芽といった旬の山菜を愛で、

美味しいお店（レストラン、お菓子屋さん、蕎麦屋さん、ラーメン屋さん、パン屋さんエトセトラエトセトラ・・）があると聞けばすぐに足を運び、その食べっぷりを

聞きつけた方々からの推薦を得てローカルラジオグルメ番組にゲスト出演するなど、その節はお耳汚し、失礼いたしました。

立派な社員食堂があるにもかかわらず、昼休みにはマイカーでレストランに乗り付けてランチをとる、という美味しいサラリーマン生活をしていた。

当然ながらそうそうランチに1時間もとるラテン気質の人間は少なく、平日のランチで前菜とメインとデザートまで平らげていくサラリーマンは目立つわけで、行きつけのイタリアンレストランのシェフに珍しがられ、「今日はいいジビエが入りましたけど、どうですか?」と美味しい誘惑をされるようになるには時間がかからなかった。そのような美味しい誘惑を断るはずもなく、素直に受け入れて幸せなランチタイムを過ごしていると、誘惑はエスカレートして、「一緒に狩猟しませんか?」と。自らが罠にかかってしまったのであった。

夏休みに一気に資格試験に向けて受験勉強、秋にはめでたく狩猟免許をとり、退職。そして、守谷市よりより多くの獲物の待つ「つくば市」へ移住することになったのだった。

4　定年後人生　実践60歳代　現在

定年65歳を待たず60歳での早期退職を選択した。
２０１９年60歳　早期退職　起業準備本格的にスタートする

・猟友会所属

定年前の59歳で狩猟免許を取得して管轄の猟友会に所属することになるのだが、私が師事を受けることになった師匠は、かつては狩猟射撃全国大会のクレー射撃のメダリストでもあり、泣く子も黙るレジェンドだったと、後で知り驚いた。師匠の名前を出すと、面白いほど、たいていの道が開けた。

都会と違いつくばはまだまだ保守的な「人見知り」タイプが多く、都会から越してきた「よそ者」に対する警戒心が強いように感じる。

猟場のことでも銃のことでも、尋ねると、まずはつれない返事が返ってくるのだが、師匠の名前を出すと、一転して、にこやかに多くの情報を提供してもらえた。

猟友会のどのメンバーに教えを乞うか、など、特にリサーチしたわけでもなく、ま

銃

鹿狩（北海道）

さに運命の出会いでおしかけ弟子となったのだが、本当に感謝している。

師匠の人脈をそのまま活かすことができ、つくば移住後たった数ヶ月でつくばのコミュニティに入り込むことができ、多くの情報を得て、移住ライフを満喫することができたのであった。

・自転車

定年後つくばで健康管理の一環として夫婦で自転車に乗ることにした。

年齢が進むにつれ基礎代謝が落ちる。基礎代謝を上げるためには筋肉増量が課題となる。その筋肉の約6〜7割近くが下半身にあるということであれば、下半身を鍛えることで効率よく代謝を高めることが可能となる。自転車の場合、下半身の筋肉を使ってペダルの回転の駆動力を与えることになるので、膝や腰に負担をかけることなく、効率よく下半身の筋肉を増やすことが可能となる。

つくば市はつくば霞ヶ浦りんりんロードも整備されサイクリストが多い町でもある。

そこで、これからの人生、一緒に走っていこうね、と妻にイタリア製のおしゃれな自転車をプレゼントした。

自転車

毎朝、日の出とともに、夫婦そろって約20㎞の田んぼの脇の農道を1時間かけて走る。日の出が遅い冬場は朝の6時でもまだ薄暗く星が瞬いており、川の対岸に見える点々とした街灯が漁火のように見える。自転車を乗り進めて朝焼けを迎え、徐々に空は明るさを増し、鳥たちの鳴き声が強く聞こえ、自転車に乗る自分が自然の中にいることが実感できる。

農道は1車線のため車の往来がほとんどなく、安全に自転車を走らせることができる。時速5㎞でランニングした場合と比較すると自転車では4倍の距離を走ることになり、たっぷり動植物観察を楽しめる。

同じ農道ルートを走るため、野菜の成長過程がわかるのだ。かわいらしいみどりの

朝採り野菜

葉っぱが、巻き上がった立派な白菜になる姿などを観察できて面白い。農作業をする地元の人とも顔見知りになり挨拶する間柄になると、自転車に乗る我々を見かければ呼び止めて「もっていけ」と。指さすその先には葉やつるが巻きついたまま今にも転がりそうな大きなスイカとか、たわわなトマトとか、とげとげも元気なキュウリ・・。大きなスイカを片手に持ち自転車をこぐテクニックを磨かねばならぬ、というのも農道サイクリングならではだろう！

タヌキ、イタチが道を横切り、アオダイショウが冷えた道路で一休みし、シジュウカラ、カワセミ、モズ、アオサギ、チュウサギ、トビ、オオタカ等の野鳥を観察できる。秋になると、多くの種類のコオロギの鳴き声が聞こえてくる。

またハンターである私にとっては当然猟場のリサーチもかねての朝ランである。猟期ではないことを知ってか、のんびりと泳ぐ鴨を見て、よっしゃ、3ヶ月後また会おうな、とほくそ笑む。「かもーん」と言ったら、妻にあきれられた。

・2020年61歳
膳Laboつくば株式会社を立ち上げるもパンデミックによる予定変更
調剤薬局勤務　免許取得後初めての調剤業務従事

会社を立ち上げ、いよいよ当初の予定通り飲食業での事業スタート！というタイミングで、緊急事態宣言が発令された。

その後外出は自粛となり、経済活動も停止し、既存飲食店の廃業がニュースで伝わってきた。そのような状況での新規飲食店開業は狂気の沙汰であろう。予定変更を余儀なくされた。

60歳定年退職後1年間は失業保険を受けつつ事業準備を進めていたのだが、事業開始のめどが全く立たない状況に陥った。代表取締役も事業の実態がなければ、あわや、本物の失業者か？

ふと、思いついたのが、調剤薬局勤務。「そうだ、薬剤師免許を持っていたぞ。調剤薬局で働こう！」

薬剤師免許を持っていながら、薬剤師として働いたことがなかった。新しいことへの挑戦は心浮き立つ。

思いついたら即行動の私は就活をスタート、大手調剤薬局に採用された。

「61歳の新入社員だ！」と期待に胸を躍らせていたら、本社のある北陸の地方都市配属と知らせられ、初めての北陸での一人暮らしが始まった。

新人研修もかねての本社所在の町での勤務となったのだが、配属が決まった後、配属薬局の薬局長から電話があった。

（薬局長）「調剤薬局勤務未経験ということですが、こちらの薬局は1日最低100枚の処方箋を処理することになりますが、大丈夫ですか？」

（私）「…………」

（自分は調剤薬局勤務経験がないので1日100枚の処方箋処理が、大丈夫かどうかなんてわからない）

（薬局長）「コロナ患者も来ますが、大丈夫ですか？」

（私）「……お気遣い、ありがとうございます。コロナ患者さんの助けになれば、と思います。よろしくお願いします……」

そもそも病人が来店する調剤薬局なのだから、コロナ患者も来るものだろう、大丈夫かと言われても、答えようがない。

とりあえず、体力には自信がありますのでよろしくお願いします、とご挨拶をして、北陸のとある町へ乗り込んだ。

そして、配属初日、自分が配属された薬局はグループ内で最も患者数の多い店舗であることを知らされ、そして、あの、薬局長の「大丈夫ですか？」の電話は「大丈夫じゃないから、辞退してくれ」の「配属お断り」「配属辞退のご提案」の電話であったことがわかった。

店内の忙しさは戦場のよう。1日100枚処方箋処理は、調剤薬局勤務未経験の61歳の俺を、完全に打ちのめした。

自分は製薬会社での勤務経験しかない。理系大学生は研究優先となるため、アルバイトも単発型の家庭教師か引っ越しのバイトとなる。

製薬の知識はあっても調剤薬局未経験どころか接客業自体未経験なパターンが多い

購入した調剤関連蔵書

はず。製薬会社定年退職後に調剤薬局勤めをする典型的な「非即戦力」の新人だった。

それを察しての、薬局長の電話だったと悟った。

「非即戦力」であっても、「戦力」になってやる、と決めて、受験勉強並みの勉強をした。

薬局では「非即戦力」新人オッサンとして肩身の狭い思いをし、へとへとになって独り暮らしの部屋に帰れば、専門書をむさぼり読んだ。

研修期間を終え北陸配属から関東配属になり、つくばに戻ることになり、引っ越し荷造りの際、その書籍の多さには自分でも驚いたほどであった。

薬局では薬局長の厳しい指導を受け、帰

日本海グルメ

宅すれば専門書を読み漁り、と、どれほどストイックな暮らしをしていたと思われるだろうが、一方、楽しむところは楽しんでいた。

なにしろ赴任したのが9月末、どんどん日本海のお魚が美味しくなるシーズンであった。

自転車通勤途中にまずは出社前に魚屋さんへ立ち寄って品定めをし、代金を払って売買成立。その後出社し処方箋をさばく。昼休みに入れば、魚屋に行き魚を引き取りいったん帰宅、魚を冷蔵庫へ保管。その後昼飯を取った後、薬局に戻り、午後の処方箋をさばく。午後の業務が終われば、魚の待つアパートに戻り、今度は魚をさばく。至福の日本海グルメの夕飯にありつくことができた。

赴任先に自転車を持っていったのだが、車社会の北陸の町では自転車で魚を買いに来る男は目立っていたようで、すぐに魚屋さんとも仲良くなり、いいものを選んでもらえた。北陸でしか食することができないガスエビや幻の魚と言われるゲンゲ（水魚）など、思う存分味わった。なれない薬局勤めのやせる思いの過酷な毎日でも、瘦せなかったのは、日本海の幸のおかげだった。

予約困難のレストランも、意外にキャンセル枠で、１人だけ、席を取っていただけることもある。自転車で、数十キロも離れたレストランへ出かけたこともあった。

グルメと勉強のアメとムチの生活が続いて、しっかりとアメの効果が出て体重も増えたが、勉強の効果も確実に出始め、「配属辞退」を促した薬局長も、私の成長ぶりを認めてくれるようになった。患者さんに対する機械的ではない私なりのアドバイスに関しても評価してくれるようになり、薬局を退職した今も、お付き合いをさせていただいている。

・2021年62歳
調剤薬局　関東エリア転勤

半年の研修期間を無事に終え、関東エリアへの転勤となり、つくばに戻った。

もうすっかり業務にも慣れやりがいも感じるようになった。

自分のように調剤薬局勤務未経験のオッサン薬剤師でもやればできる、と自信を持つと同時に、同じように悩むスタッフがいれば、力になりたい、とも考えるようになっていた。

自分の業務である調剤業務に余裕が出てくると、店舗全体の様子が見えてくる。スタッフとも本音で話すようになってくると、労働条件への不満の声が聞こえてくるのであった。

1日100枚の処方箋処理の本社おひざ元の北陸の店舗と違い、関東エリアではまだ知名度が低く小規模店舗が大半で「一人薬剤師店舗」も多かった。

一人体制での薬局では薬剤師は昼休憩を店内休憩室での待機、もしくは店外で過ごす際は店からの連絡ですぐに戻れる体制を指示されていた。つまり、実際のところ、休憩時間は休憩ではなく、「待機」という対応を暗にさせられていた。

定期的にスーパーバイザーが巡回しているようだが、そういった労働条件への不満への対応はなく改善される様子はないとのこと。

明らかに労働基準法に反しており、問題だろうと思った自分が市役所の労働条件相談ホットラインへ相談すると、やはり労働基準法違反の疑いがあるので労働基準監督署へ相談するようアドバイスされた。そこでもっともな労働者の主張であるとのお墨付きをもって会社へ休憩時間の確保を要求したのだが、そこでは驚くような回答が返ってきた。

「昼休み時間中、調剤室を閉めると売り上げや利益が減ってしまう。またお客さんに昼休みの事前報告をしなければならない。以上の理由で昼休みは現在の待機状況でとってもらっている」といった会社都合の話に終始したのであった。

同様の一人薬剤師薬局の場合、他のW社やK社、S社などは法令を守って時間休憩中は調剤を閉めている状況を把握した上での回答であった。

W社やK社、S社ができて、うちができないはずがないでしょ、という立場を貫き、さらに会社側へ意見したところ、その後突然理由もなく、片道1時間30分かかる店舗への異動が命じられた。

これが、報復人事か、と、大人しくなるどころか逆に私の正義感に火が付いた。

休憩時間問題に加え、会社独自の交通費精算システムの導入によって不当に安い金額しか支払われていないことなどが発覚し、正す方向へ動いた。

県議会議員のアドバイスを受け労働基準監督署及び労働局労働基準部へ足を運び、その後労働基準監督署の監査が入り、休憩時間中の勤務は時間外勤務として認められて時間外手当が支払われることになった。

会社側は以降1時間の休憩時間を確保、その間の調剤受付も中止することとなり、晴れて労働条件は改善されることになったのだった。

会社側は、私が報復人事を受けて長距離通勤を余儀なくされ、大人しくなるかと思いきや、逆に私にスイッチを入れさせてしまった結果になったのであった。

関東エリアに足しげく本部からわざわざ総務課担当者がやってくるという状況は、会社創設以来、関東圏進出後、今までなかっただろう。

周りからは理想を追い求めるドン・キホーテ（ディスカウントショップではないですよ）のように映っていたかもしれない。

自分は定年退職後のセカンドステージであり、出世街道とは最初から別のルートが用意されていたので、気兼ねなく戦えただけなのである。

実際、報復人事を受けての収入減など避けねばならない子育て世代の同僚からは、

（よくぞ言ってくださった）と控えめな感謝の意を述べられたのであった。

・2022年63歳

調剤薬局退職　労働問題解決

労働問題も解決し、落ち着きを取り戻したが、変わらずの長距離通勤に嫌気がさしたころ、知人から管理薬剤師の職場を紹介され、調剤薬局は円満退職し、通勤の楽な会社に転職し、いよいよ事業へ本腰を入れだした。

自宅のフルリノベーションが終わり自宅兼オフィスへ転居となった。自宅購入から3年後のことであった。

自宅兼オフィスへの転居後は、事業へ本腰を……、といえども、いまだ世界は自粛態勢であり、まだ我慢の時期であった。

だが今考えるとこの時期があったからこそ、地元に溶け込めたともいえる。

東京勤務の妻を送り出してから、家にいる自分がご近所との付き合いを担当。自宅の庭でキャンプ場を経営するのであれば、ご近所とのお付き合いは細心の注意が必要となる。

自宅兼オフィス

キャンプ場整備では大量の草や枝の処分がつきものである。ゴミの出し方など、地域のルールに従わなければならないのは当然だが、ご近所の暗黙のルールなどは、信頼関係があってこそ。ご近所の奥さん方との井戸端会議にも参加していくうちに、ご近所の力仕事（庭木の剪定など）を頼まれたりするほどにまで、よそ者から立派なジモティへ成長していった。

定年後の移住の失敗談でよく聞く、地域になじめずに孤立、ということはおかげさまでなかった。

その後2023年に新型コロナウイルス感染症の5類感染症移行となるまで、体験型キャンプ場での事業は小規模であったが

薬膳茶

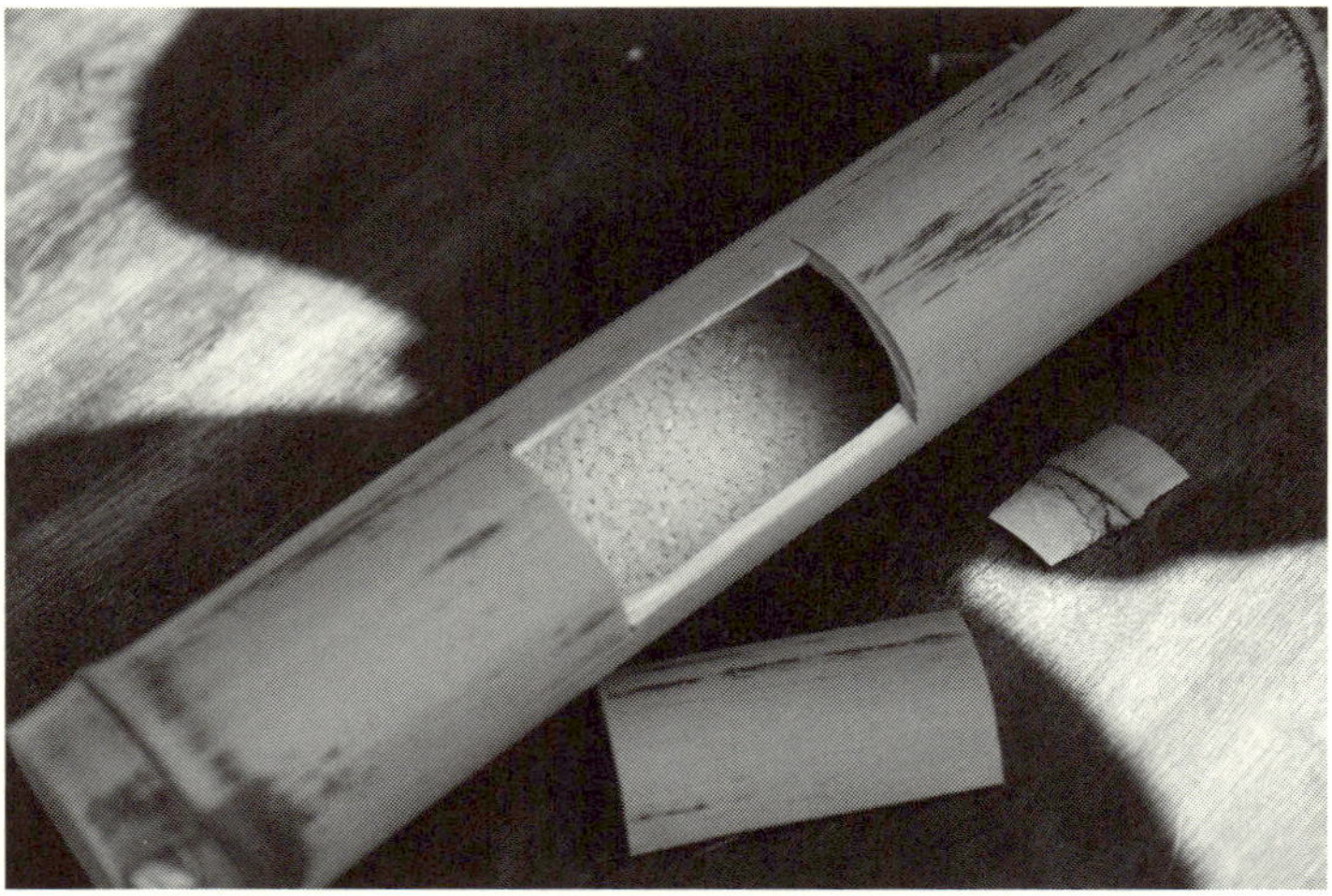

竹筒飯

ハムとベーコン

天然鰻

ゲストをお迎えしていた。

狩猟期も4度目5度目となると狩猟数も飛躍的に増えた。

漁業協同組合に加入後は天然鰻の捕獲も開始したので、獲物の量も種類も増えジビエ料理のレパートリーも増えていった。

体験型キャンプ場としてのワークショップとして、ベーコン作りや鰻さばきなど、自らの実技技術を磨いていった。


5類感染症移行後、自粛前の経済活動が再開した2024年11月にビジネススクールの同窓生のサポートでホームページも完成、徐々にだが反響もあり、膳ラボつくば株式会社も本格始動、生抜塾スタートとなった。

企業向けのプロジェクトマネージメントセミナー講師を務めつつ、塾長として生抜塾生の指導に力を注ぎ、また狩猟の腕を磨く人生を謳歌中である。

昭和平成で学んだ生き抜く力　生抜力®

ロータリーフォン（ダイヤル式電話のことです）がプッシュフォンになって、コードレスフォンになり、それから一人一台の携帯電話の時代になりそれからさらに幾年かが過ぎて、今ではダイヤルの回し方がわからない世代がいる。

レコードどころかＣＤすら（カセットテープやＭＤも同様ですね）見たことがない世代がいるのだ。

しかしながら技術の進歩というものは、人間の生活を豊かにする目的に沿っているので、

大歓迎で我々シニアも○○ペイだの○○ポイントなど、難儀しつつどうにか駆使して便利な世の中で生きている。

コロナ禍で在宅ワークが一気に進み、この数年で働く環境は一変した。

後輩たちに「働き方」「仕事術」を伝えたいと考えてのビジネス書自費出版の予定であったのだったが、

２０１９年の退職後の世の中の変わりように、自分の考えに関して正直言って自信がなくなってしまった。

「オワコン」なんじゃないか？と。

今や終身雇用・年功序列の時代から成果主義の時代に移り、転職を重ねながら希望の職業に就くということ（ジョブホップ）が珍しいことでもなくなっている。

産休や育休取得が、時短勤務制やフレックスタイム制が当たり前になり、男性の育休も制度化されつつある。

軽々とジョブホップを重ねて、「今」をブラッシュアップ、ステップアップさせている。

実際に涼しい顔をしてするっと転職して、子育てとキャリアの両立を目指している娘（ステップドーターですが）を身近にみて、あれ？と。

自分のスタンスは「会社に属しながら、定年退職後の準備をしましょう。人生100年時代楽しみましょう」であった。

まだまだ終身雇用に守られて、いくら「自分の意見を曲げなかった」と硬派を気取っても、自分は会社に属し続けていたのだ。

自分の後輩たちへのアドバイスは、時代遅れ？

そう気づき、小手先のテクニックではない、本質的なアドバイスはできないか？と考えた。

昭和平成と、右肩上がりの時代、終身雇用・年功序列の時代だからこそできたやり方が、贅沢なチャレンジが、何らかのヒントになれば幸いである。

そもそも自分の「働き方」や「生き方」は、昭和平成の典型であった。

残業はほぼ毎日であり、家族で夕食のテーブルを囲むことは稀であった。

「仕事人間」ではなく「仕事大好き人間」などとうそぶいていたが、実際は家庭を顧みない仕事人間だったのではないか?と言われても仕方がない。

かわりに休日はしっかり家族サービスで挽回していたはずだろう?などと言い訳をしようものなら令和の今では完全アウトですよね。「家族サービス」とか言った時点で終わりですよ、「サービスって何?」と。

自分自身、自分の父親を家のことは何もしない昔気質だと評していたが、そういう自分こそ、どうだった?

バイオグラフィーでお話ししたように残念ながら「ワークライフバランス」に関して後輩たちに伝えることは典型的な失敗談・反省談となっている。

定年前から定年後の人生を考え様々な準備をしてきたにもかかわらず、いざ起業し

第12975号 臨時増刊　薬事日報　2025（令和7）年1月1日 水曜日　（14）

膳Laboつくばを創業して

自然界に学び「生抜力」養成

梶井 寛

食べ物が体を作り上げる

幸運を引き寄せる人とは

2025年1月1日薬事日報

スタートを切ろうとすると、パンデミックとヨーロッパで起こった戦争で日本経済は停滞、いったん自分自身のビジネスも様子見となった。

本来は料理人となっているはずであったが予定変更を余儀なくされ、コロナ禍の3年ほど、計画外の経験を積むこととなったことはバイオグラフィーでお話しした通り。西洋医学と中医学を学んだ薬剤師が薬膳料理を提供するオーベルジュ経営計画から路線を変更した。

人生をお膳に見立てて、お膳の上にはたくさん美味しいものを乗せましょう、せっかくの人生、盛り沢山で楽しみましょう、という人生論をぶち上げた研究所、膳ラボつくば株式会社をまずは設立した。

より人生を楽しむためには、本来人間がもつ五感を研ぎ澄ませて困難を乗り切る「野生力」と、多くの経験に基づく「叡智」が必要であるとし、その野生力と叡智の結集を「生抜力®」と名付け、その生抜力育成を目指す生抜塾を立ち上げて、現在塾長として指導に当たっている。

技術的進歩速度は上昇し続け世の中は変化を止めないのだが、それは令和の時代に限ったことではなく、どの時代でもそうであった。いつの時代でも「今の時代は前の時代より変化が速い」と言われ続けてきたのだ。

人はその進歩や変化に対応して、困難を潜り抜け、乗り越え、さらに進歩変化させ生きている。

ＡＩに仕事が奪われてしまう、などと悩むのであれば、ＡＩを使いこなせばいい。昭和平成で学んだ生き抜く力（生抜力®）をおじいちゃんの知恵袋的に考えていただいてご参考になれば幸いです。

一、万象皆師（自然界編）

山之内製薬（現在のアステラス製薬）の入社式で、当時の森岡茂夫社長から新入社員70名一人一人に一冊の本が手渡された。創業者である山内健二氏の言行録**「万象皆師」**である。（万象皆師とは、自身の周りを全て師と仰ぎ、謙虚に学ぶ姿勢で周囲と向い合うこと）

「万象皆師」とは私にとって初めて聞く言葉であったのだが、**人は世の中に起こる全ての現象から学ぶことができる**、という教えに一瞬で感銘を受けていわゆる座右の銘にまでしてしまったという、思えば運命的な言葉との出会いであったのだった。

そしてそれ以来、この「万象皆師」を実践してきた。

万象皆師とは「八百万の神（やおよろずのかみ）」と同義語と捉えることができる。森羅万象全ては自身にとって師として仰ぐ価値があると、では、「自然」も「師」であるということになる。

まずは、動物を師として、学んだことを考えてみる。

野生動物の世界は人間社会とは異なり、常に命を狙われる危険は避けられず、そのリスクを下げるために、常に彼らは「五感」を働かせて生きている。その能力の高さは、OSO18関連情報を見ても明白であろう。

※OSO18（オソじゅうはち、2014年（平成26年）2月ごろ―2023年（令和5年）7月30日）は、北海道東部の川上郡標茶町および厚岸郡厚岸町一帯において、2019年（平成31／令和元年）から2023年（令和5年）にかけて家畜（乳牛）を襲撃していた雄ヒグマ1頭のコードネーム。2019年7月に人間による唯一の目撃を伴って白昼に被害が発生した標茶町オソツベツの地名と、前足の幅が18センチメートルと推定されたことにより命名された。しかし、追跡中調査中に発見された鮮明な足跡は17センチメートル、捕獲後の報道では20センチメートルと、足の寸法には幅がある。（ウィキペディアより引用）

住民が熊に襲われ命を落とすケースが報道されている。

本来人間も五感を働かせて生きてきたはずである。

二足歩行となり、火を扱い始めた後、五感に代わる様々な高度な技術を生み出し、それを駆使して生きるようになった人間は、五感（＝野生）を忘れてしまった。

眠っていた五感（野生）を総動員し、問題の本質に迫る癖を復元することの大切さを感じている。

私たちは「動物」を動く「物」、植物を「植えられた（根を張った動かない）」物と表現し、上から目線で眺めて「生物区分」をし、謙虚に彼らから学ぶという発想は浮かばないものだが、これは勿体無い話である。どんどんビジネスに人生に活用すべきであろう。

自然観察から気づいたことをあげてみようと思う。

［その壱］ 動物社会は完全な役割分担があり、セクハラ・パワハラは皆無である

生命誕生は40億年前、人類の祖先の猿人誕生は７００年前である。生物の誕生からの時間を1年とすると人間はほんの1日の出来事である。

男性優位の人間社会では、ようやくセクハラ・パワハラが問題視されるようになり、男女平等と男性も育児に参加するようになった程度で、まだまだ発展途上といえる。

・蜂

女王蜂が働き蜂を支配しているように思われがちだが、女王蜂は産卵、働き蜂は蜜の採取と幼虫の世話というように、役割分担をしてそれぞれ労働活動を行っているのだ。女王蜂も働き蜂も生き抜くためには役割を果たすことで共存関係が成立している。

・アリ

蜂と同様にアリの社会は非常に組織的に構成され、女王アリと働きアリ・兵隊アリがそれぞれの役割を果たして種の存続を図っているのだが、働きアリ・兵隊アリの中には、働かない「さぼりアリ」がいることが確認されている。

アリのコロニーにおいて約20％のアリがほとんど活動せず「サボっている」ことが観察された。この「サボり行動」は、以下のような理由で説明されている。

1．待機戦略：コロニー内で問題が発生した際にすぐに対応できるように、一部のアリが待機している。

2．エネルギー節約：エネルギーを節約するために、全員が常に働かずに一部が休息を取ることで、コロニー全体の長期的な効率性を高めている。

3．役割の再分配：アリの役割は固定されておらず、状況によって変化する。一見「サボっている」アリも、必要に応じて他の役割に移行することができるため、常に何かしらの役割を担う準備をしていると考えられる。

このように、アリ社会の中で「サボる」行動は、単なる怠けではなく、コロニー全体の適応戦略の一部と考えられているというのだ。

※参考：『働かないアリに意義がある』（長谷川英祐著、メディアファクトリー新書、２０１０年）

・カワセミ

オスは魚やエビを獲ってきてメスの機嫌を惹きつつプロポーズをするのだが、その貢物に関しては、飲み込みやすい大きさを吟味するなど、細心の気遣いを払っている。

・皇帝ペンギン

産卵によって疲弊したメスに代わり、オスがマイナス60℃にも達する南極の地で65日間、何も食べずに卵を温め続ける。メスは疲労した体に栄養を与えるため、「産休」に入り、繁殖地を後にして海を目指し、再び長い時間をかけてエサを摂りに行く。

動物界において効率最優先で役割が決められており、手柄は上司、責任は部下、などあり得ないのだ。

［その弐］夜行性の理由（植物）

カラスウリが夜間にしか花を咲かせない理由は、徹底した受粉戦略にあるのだ。

カラスウリの受粉は、夜行性の昆虫や特にスズメガ（夜に活動するガの一種）に限られる。受粉の機会のない昼の開花はないのだ。昼間の暑さや乾燥は花にとってストレスとなり得る。昼間は無駄に姿を見せずに花の美しさを長持ちさせて涼しい夜間限定で花を咲かせ、受粉に備える、という戦略なのである。

また、このカラスウリの美しいレース状の白い花のフォルムは夜行性の昆虫にとって見つけやすく効率的に受粉が行われるよう、進化した形状なのだ。

なんと効率的なのであろうか！

［その参］夜行性の理由（動物）

主に昼間の活動は明るいため他の動物に狙われやすいからである。昼間の時間帯は不用意な行動を取らずに物陰や地中に隠れて天敵に襲われないように周囲を警戒しつつ休息をとる。そして夜、まさに暗闇に紛れて行動するのである。効率的行動である。

ついでに付け加えると、鹿は風の強い日の夜には行動しない。なぜなら風音で天敵の足音が掻き消されてしまい、危険を察知できなくなるからである。

彼らの行動には全て理由があるのだ！

［その四］肉食動物と草食動物の教え
相手を最後まで追い込まない／相手の閾値を知る

肉食動物は必要最低限の狩りしかしない。必要以上の狩りはしないのだ。なぜなら、獲物（草食動物）の反撃を受け自分が手負いになるリスクを最小化するためである。

ゴリラは体が大きく力強いが、仲間同士で争う時はドラミングで威嚇し、無駄な争いは避ける。これも手負いになる**リスクの最小化**のためである。

ビジネスでも同様な行動をとるべきで、徹底的に相手を追い込まず、必ず、逃げ道を用意してあげることが重要である。なぜなら、相手をこてんぱんに痛めつけてしまうと遺恨を残し、恨みを買うだけとなり、その結果、いつか、返り討ちをされてしまうリスクが高まってしまうことになる。

一方草食動物は肉食動物に襲われないように四六時中警戒しているわけではない。肉食動物が捕食により満腹感が得られた段階で、警戒モードを解くのだ。ライオンは満腹になると隣にシマウマがいても襲わないことを知っているのだ。

これを上下関係のある組織の中に当てはめてみよう。

上司の閾値をつかんでしまえばその域に到達するまでは業務に全力投球できるというものだ。

[その伍] 雑草の教え　適材適所　咲く場所を選ぶ

踏まれても踏まれても立ち上がる「雑草魂」。一般に、雑草には「強い」イメージがあるが、雑草は成長が緩慢でほかの成長の早い植物に覆われてしまい日光を浴びづらく、「弱い」植物なのである。

ゆえに、「強い」植物との競争を避けて、それらが生えない道端や公園、畑など、他の植物が進出しないような場所に生える知恵をもっているのだろう。

業務の専門性が進み、必ずしもオールラウンドプレーヤーになる必要はなくなった。その仕事を得意としている人に任せて、自分は**自分の得意分野で勝負**することも一つの手であろう。

[その六] ヤマメ～サクラマス　敗者復活戦

ヤマメは縄張り争いに負けると新たな居場所を求めて川を降り、海で成長し、また、故郷の川に、サクラマスとして戻ってくる。海から戻ってきたサクラマスは海で豊富な餌を食らい、当時は縄張り争いに負かされてしまった相手のヤマメよりも数倍の魚体となって戻ることになり、故郷に錦を飾ることになるわけだ。

人生は長く、一度の失敗で挫けることなく、**何度でもチャレンジすることが重要と**
なる。

二、万象皆師（ビジネス界編）

問題解決に向けて一番大切なことは、「誰が」言ったかではなく、「何を」言ったかに尽きると考えるのだが、それはまさに万象皆師、上司・部下・同期・後輩、といった区別などがないのだ。

年功序列の会社の中で、高慢傲慢尊大にならぬようにするのは容易でも、（とはいえ巨漢な男はふてぶてしく思われやすく、謙虚な私は誤解されがちではあるが）特に若い時期であれば卑屈寄りにならずに謙虚な姿勢を保つのは、なかなか難しいものだろう。

社会人としての万象皆師、人間関係の構築に関して、私の考えをお伝えさせていただこうと思う。

様々な分野にＡＩ技術が活用されようとも、仕事をするうえでは人と人との信頼関係なしでは成り立たないことは紛れもない事実であるのだ。

［その壱］上司との付き合い方

上司の仕事は部下を指導することである。そもそもそれが上司の仕事である以上、彼から指導を受けることに対しては恐縮不要であるわけだ。ある意味開き直って謙虚になることをお勧めする。

ある時は

「上司は無能だから、あのような指示をするのだ」と嘆き、

またある時は

「自分はあれほどの結果を出したのにこの程度の成績評価では納得できない」と嘆く同僚がいた。

そこで私は

「そもそも仕事ができない上司が、部下の評価に関してだけ適切に判断できる（仕事ができる）わけがないじゃないか」と諭したものだった。

納得できない評価に対してストレスを溜め込めば溜め込むほど、精神衛生上、当然悪い。したがって、このようなケースに対しては、（今風でいうと上司ガチャ、です

かね）上司を説得するなどの無駄な努力はせずに与えられた業務を淡々とこなすことをお勧めする。

もちろんだからと言って、上司ガチャをあきらめろ、完全受け身であれ、というわけではない。

自分自身が納得のいくパフォーマンス（評価も含め）を出せるよう、戦略を立てる必要がある。

戦略について説明しよう。

〈戦略その1〉上司の力量を見極める

組織に所属する以上、自分勝手には動けないのは当然のことである。

〝会社∨上司〟の指示に従って業務を遂行するまでである。これは歯車だとか部品だとか駒だとかロボットだとか、卑下するまでもなく、当然なことである。

指示を出す上司を、こちらでは選べない。であるからこそ、戦略が必要となる。

まずは、上司の力量を見極めるのが先決。

特に、上司がマイクロマネジメント大好きな上司であれば、尚更のこと。

問題は待ってくれないので早急に解決しないといけないにもかかわらず、

解決に動かずに、きめ細やかな報告を求める上司では（優先するのはそこではないから）お話にならない。

問題が起きてから、上司の力量を知ったのでは遅過ぎ、手遅れなのである。

上司の力量を見極めるために、上司の性格を知っておく必要がある。

私の場合、どこまで自分のやり方をしても許してもらえるか、**上司の「閾値」「限界値」を知る**ことから始めていた。

上司の限界値を把握していれば、その限界までは上司を気にせずとも業務を進めることができるわけで大変スムーズなのである。

一方限界値がつかめていなければ、上司の顔色を窺って徐々に仕事をしなければならなくなり、これには無駄なエネルギーを割くことになり、仕事に集中できない。

加えて上司に相談しながら仕事を進めるとなると、相談したからには上司のアドバイスを無視したやり方はできなくなる。（それこそ駒）

だからと言って限界値を把握せずに相談しないでやり、最終的にアウトプットを却下されたら、それまでの仕事はただの骨折り損になって無駄な結果となってしまう。

まずは上司の限界値を知ろう。当然最初はトライアンドエラーで閾値を探さなければならないのだが、チャレンジする価値はあるはずだ。その限界値内で、個々の裁量

で業務を進める。そして、限界値に達して初めて上司の指示を仰ごう。

そうなると上司サイドもこまごまとしたマイクロマネジメントの必要もなく、適切なタイミングで指示が出せ、「梶井君、気が利くじゃないか」と信頼関係が強まるというわけだ。

〈戦略その2〉真の決裁者を見極める

決裁者と言えば、その組織の長（部署長）だと考えるのが普通であろう。

しかし組織が大きくなればなるほど、答えは違ってくる。『真の』決裁者は別にいる。またその『真の』決裁者が複数の場合もある。

入社したての若いころ会議に出席すると、質疑応答となれば次々と即答し、膨大な研究結果や実験数値とともに説得力ある発言を展開する決裁者としての本部長の姿を見て、ずいぶん圧倒されたものだった。

しかし後になって実は会議前のブリーフィング（予行演習）で概況説明が担当者によって行われ、これによって決裁者（本部長）は事前に自分が下す決裁の影響力（メリットデメリット）をも確認し、質疑応答内容を十分理解した上での、質疑応答であった、ということを知る。ブリーフィングの質が会議の出来を左右するということにも気づいた。

決裁者へ事前情報を提供するブリーフィング担当者の影響力は大きなもので、この担当者が「真の」決裁者ともいえるだろう。

決裁者（本部長）を補佐する人間が、真の決裁者だ。

真の決裁者の理解を得れば、そのまま決裁者（本部長）の理解を得ることにつながることになる。

今では管理しやすい予定表ツールを活用している会社が多いと思う。そこでは重要事項の場合メンバーを伏せてある場合もあるが、参加者の中には脇が甘い方もいらっしゃる。（会議の目的や参加メンバーが透けて見える場合が多々あるのだ）

そこから真の決裁者を炙り出せば、あとは、その人の言動をマークしておけば、決裁者の理解を得る近道となるわけだ。

関所は少ない方がいい。あなたが判子コレクターでなければ……。

〈戦略その3〉 超忖度

「忖度」を否定するつもりはないが、その代償が大きいことは考えた方が良い。

第一に、全体の最適化を目指した判断ができず、部分最適化のみとなること。

その結果、忖度した人の力の及ばないところには説明ができなくなり、板挟みとなることもある。

自分のやり方を行った経験値がない場合、自分の判断が上手くいけば自信につながるし、上手くいかなければ、なぜ、上手くいかなかったかを考えるようになる。忖度の場合、あくまで、上の人の喜ぶ判断が基準となっているので、失敗しても上の考えが問題だったと反省しなくなってしまう。

さらに、上が変わればゼロベースで関係性を構築していかなければならない。

誰でも、目の前に昇格というニンジンをぶら下げられてしまうと、無意識のうちに吸い寄せられ、思考停止のまま服従することになってしまうものだろう。ニンジンを見ながらもいったん気持ちを落ち着かせ、2択の選択肢を選ぶことになるが、どちらを選ぼうともリスクのない選択はまず、ありえないものだ。

甘い汁に吸い寄せられてニンジンにかぶりつきかけても、

「この上司は将来的に常に社内で力を持った存在で居続けることができるのか？」

「この上司は出世したら、自分を引き上げるとの言葉は実現するのか？」

「鵜呑みにした意見に従った場合、周囲をきちんと納得させることができるのか？」

「打算的な考えで従い、自分を引き上げてもらった場合、それ以降、上司と意見がぶつかった時、恩義を感じずに、背中から鉄砲を撃つような行為ができるのか?」というケースに直面する可能性がでてくるのは容易に想像がついてしまい、さて、ニンジンに食らいつくべきか、どうすべきか、迷いに迷うことになる。

そのような状況になった時に考えればよいという考えもあるだろう。各自の人生観の問題であり、綺麗事で意見するつもりはない。

私の場合は、自分の意見や考え方を封印してまで仕事に向き合うことは選択肢にならなかった。ニンジンは自分にとって魅力的ではなかった。誰がなんと言おうとも定年まで結局自分の意見を率直に貫いてきたのだが、そこで板挟みになることも、ストレスを溜めるというようなこともなかったのだった。

スポーツにおいて、今、体幹トレーニングが重要視されている。軸がしっかりしていないと、パワーが分散され持っている力を全て出しきれない、ということらしい。

ビジネスの世界においても同様で、基本姿勢がブレてしまうと日和見主義的だと誤解され、信頼を得ることができなくなるものだ。

どのような時でも判断のブレが生じないように、座右の銘としていたのは英国人哲学者バートランド・ラッセルの「自由人の十戒(A Liberal Decalogue)」であった。

これはビジネススクールで学んでいた時に知り、感銘を受けた十戒なので引用させていただく。

自由人の十戒

1. 何事も絶対に確実だと思い込んではいけない。
2. 何事も証拠を隠してまで、物事をはこぶ価値があると考えてはいけない。なぜなら、そういった証拠は必ず明るみに出るものだからだ。
3. 成功を確信しても、考え続けることを決してやめてはいけない。
4. 反対意見には、議論で説得し、権威で勝とうとしてはいけない。権威を使っての勝利は、真の勝利ではなく、単なる幻にすぎないからである。
5. 他人の権威を尊重するには及ばない。なぜなら、それが尊敬に値しない権威であると露見するのが普通だからである。
6. 有害と思う意見を力で抑圧してはいけない。なぜなら、もし力で抑えれば、それらの意見は同じように君を抑圧するからである。
7. 自分の意見が普通と違うものであっても恐れてはならない。なぜなら、現在当り前と思われている意見はいずれも当初は並外れていたからである。

8．嫌々ながら賛成するよりも、良く分別を働かせて異議を唱える方が良い。なぜなら、もしあなたがあるがままに知性に価値を認めるならば、後者の方がより深い同意を意味するからである。

9．たとえ真実が不都合なものであったとしても、どこまでも良心的に真実に忠実であるべきである。なぜなら、もしあなたが本当のことを隠そうとすると、もっと都合が悪いことになるからである。

10．愚者の楽園に集まる人々の幸福を羨ましがるな。それを幸せだと考えるのは愚か者だけだからである。

［その弐］チームとの付き合い方

・チームワークの必要性

多くのカリスマ経営者が、生涯カリスマ性を維持できるかと言われると極端に少ない、という状況からみても、一人の考えだけで時流に乗り続けることは難しいのだ。一人の力などたかが知れている。たとえどんな優秀な人物でもカリスマであってでもだ。時代が移り世代も変われば価値観なども当然変わるわけであるから、なおさらだ。

いい意味で尖った偏りがあるからカリスマと言われたかも知れないが、バランス感覚を保つにはチームの協力が必要である。

強力なトップダウンの下、一見チーム活動しているように見えたとしても、内部ではチームメンバーは何を言っても受け入れてもらえなければ、やがて、各々の思考は停止し、作業しているだけとなる。

そうなると、問題発見と問題解決を全てトップが提示しなければならず、その業務に取り掛かるまでは仕事は動かず、チームによる補完も無い。

トップの考えを周囲に押し通せば思い通りの結果が得られるが、トップの意見を押し通すと言うことは、「集団知」を活用しないことになる。何と勿体ない!

全てに万能となることは難しい。

器用なタイプの人間は効率よく物事をすすめ、結果深堀りすることもなく、広く浅い結果となってしまう。

一方じっくりと試行錯誤しつつ進めるタイプの人間であれば効率は悪くても深い結果が得られることもある。

誰もが得手不得手はある。

不得手の業務を粘り強くやり遂げることも大切だが、効率的ではない。

そこでチームワークを活かし、適材適所として業務を割り振ればより良い結果が見込まれる。

また、一度決めた業務であっても状況は刻々変化しており、昨日の最善策が今日の最善策となるとは限らない。

常に、ブラッシュアップを心がけるためには、変化を見逃さないことが鍵となる。そのためには、多くの眼が必要となる。ここでもチームの力がものをいうのだ。

・チーム内での協調性

組織の中での正解は、議論が出尽くした後に決裁者が判断をくだすものだ。その判断がその時点での正解となる。そして組織に所属している限り、組織の決定事項（正解）に沿って行動しなければならない。これがチームワークルールである。

アメリカとヨーロッパでプロジェクトを任されていた経験から感じるのだが、日本ではどうやら「協調性」が重んじられるあまり議論が不完全燃焼に終わる傾向があった。アメリカやヨーロッパほど互いの意見を戦わせることなく、つまり「空気を読んで」結論が下されてしまうのだ。協調性が発揮されてスムーズに結論まで行きつくも、いざ、結論へ動き出すと、議論が出尽くしていないために、現場では眠れる獅子たちの不満噴出のために膠着状態に陥ってしまったり、と、実は大変効率が悪い。協調性のおかげでチームワークが乱れる、という皮肉な事態が起こっているわけだ。

そこで私が主張してきたのは、**「協調性は最後の出番」**である。喧々諤々の議論の後に、ようやくお得意の協調性でまとめ上げる方式である。

自分の意見Aが否定され、別の意見Bが採用されたとしたら、その時点で初めて「協調性」を発揮し、気持ちを切り替え、その判断Bに従い、プロジェクトを進めていく。この流れは大変合理的であることを改めて認識することが賢明だと感じる。

なぜなら、A提案者である自分は結論B（自分の提案ではない結論）に責任を持つ必要は当然ないのだが、決裁者はその結論Bの最終責任を負うことになっているからだ。

決裁者（おそらく上司）は決裁権と責任とそれに見合う評価（イコール給料）を抱えているのだからである。（したがって、決裁権だけ振りかざして責任を取らない上司は、給料泥棒になってしまうので、気を付けなければいけませんね）

なお、自分の意見が通らなかったからと言って、不貞腐れる必要はない。ビジネスには正解はなく、リスクを取ってでもチャレンジするのか、それとも、堅実な成果を求めるために、保守的な方策を取るかは、その決定者によって異なってくる。どちらが正解かというレベルの問題ではないのだ。さらに、リスクの程度も、過去に失敗しそうな案件を回避してきた人とどのようなリスクであろうと果敢に挑んできた人とではリスクの大きさは異なるので、より丁寧に説明したところで理解を得られるものでもない。ナイスチャレンジを評価される場合と、体力温存が評価される場合とを、見極める能力を養っていくしかない。これは経験しかない。精進せよ、だな。

[その参] 同期・後輩・部下との付き合い方

同期とは常にフラットに付き合うことができるので、率直な意見をもらうことができる。

その一方、後輩・部下は遠慮がちな対応をしてくるものだ。

そこでまずは相手の意見を否定しないスタンスで彼らの発言を導くよう努めてきた。会社の中の付き合いは、仕事の領域のみと考えて、プライベートな部分を全く出さず神秘的な存在な方、っていらっしゃるようですが、考えすぎですよね、むしろ無駄。プライベートをさらけ出すほどまでいかなくとも、関係構築のためのヒントとして使ってもらえるような情報を提供することはお互いのためになることにひそかに気づくべきだ。

上司の限界値を知るように、自分の人となりを知ってもらえれば、気兼ねなく、自分の意見を言ってもらえるようになるからだ。

仕事の話ではどうしても上下関係が続いてしまうが、趣味の話となれば、立場が逆転する場合も当然としてある。その場合、教えてもらう謙虚な立場で接すれば、自然と距離感も縮まってくる。

私の多趣味はここで大変役に立ったと感じている。

（趣味と称して上司のゴルフにお付き合いするケースとは全く違います、ご安心を）

三、万象皆師（体の声を感じろ）中医学・薬膳学

人生を謳歌するには、「健康」であることを絶対条件としたい。

現在、寿命と健康寿命の差は男性では9歳、女性で12歳である。（男性健康寿命は72歳（寿命81）、女性健康寿命は75歳（寿命87））

この寿命と健康寿命の差の開きは大きい。もちろん寿命は受け入れるが、9年間も12年間も健康でいられないなど、もったいないからだ。

製薬会社では西洋医学に基づく新薬開発データを収集する業務についていた。

その後中医学を学び、その背景を知るようになると、中医学と西洋医学の医師のスタンスの違いに気づかされた。

古代中国の医学書『難経《なんぎょう》（黄帝八一難経）』によると中医学の名医とは、「上工は未病を治し、中工は已病を治す」とされている。つまり、病気を治す医師よりも、病気になる前の未病で治す医師の方が優れているとされているのだった。病気にならなければ治療は不要であるから、当然と言えば当然だ。

西洋医学では病気になり重症化してからの治療となるのだが、

＊西洋医学と中医学の違い

項目	中医学	西洋医学
基本概念	全体性（体・心・環境の調和）を重視	部分的アプローチ（特定の部位や疾患に注目）
診断方法	脈診、舌診、問診、望診、触診などを活用し、全身のバランスを診る	血液検査、画像診断（CT、MRI）、生体データ測定など
治療方法	漢方薬、鍼灸、気功、推拿（マッサージ）など	薬物療法、手術、放射線治療など
病気の考え方	病因は気・血・水の乱れや陰陽のバランスの崩れにあると考える	細菌・ウイルス、遺伝、物理的要因による疾患として捉える
目的	自然治癒力を高め、全身のバランスを整える	病因を特定し、その排除や抑制を目指す
治療開始時期	体調が思わしくなくなった時点（未病の段階でも治療開始）	基本的に確定診断により疾患が特定された時点（保険治療）
治療のアプローチ	根本的な原因を整える（体質改善）	症状の緩和や病気そのものの治療
時間的視点	長期的な視点での健康維持と予防	即効性のある治療に重点
副作用	比較的少ないが、個々の体質によって効き方が異なることがある	副作用があるが、科学的に管理されている
科学的根拠	経験と伝統に基づくが、現代では科学的研究も進んでいる	科学的実験や臨床試験に基づく

中医学では、病気になる前の未病の段階でアンバランスとなった体を整え、元のバランスの良い状態に戻すことを目指している。

病気発生メカニズムが明確な急性疾患の治療には、仮説証明に基づき慢性疾患と比較し治療に当たる西洋医学が最適といえるだろう。

一方、中医学は経験則に基づいて治療方法が取捨選択され、中国4000年の歴史の中で今日まで生き残った実証済みの治療法だ。

中医学では、「弁証論治」という理論的方法を用い、一人ひとりの「証（体質・病の本質）」を「四診（望・聞・問・切の四つの診察法）」を用いて見極め、どのような「証」なのかを判断し（弁証）、その「証」をもとに治療法を論じ、治療する。

・薬膳

周の時代に書かれた中国の古籍『周礼《しゅうらい》』の中で、医師は「食医」、「疾医」、「瘍医」、「獣医」の4つに分類されている。

「疾医」は内科医、「瘍医」は外科医、「獣医」は今と同じ獣医を意味する。

「食医」は、皇帝の健康を守る配膳を行っていた医師で、皇帝に仕える「食医」が医師の中でも最高のランクとされていたという。

食べ物全てに薬効があり、食事をすることと薬を飲むことは同じ行為という「医食同源」という言葉が生まれた。

体に良い食材を日常的に食べて健康を保てば、薬は不要であることを意味する。

薬膳とは、中医理論を基礎とする弁証に従って献立を立て調理する。食べる人の体質（証）に合わせて作られる。そのため、証が異なると料理を作る素材も異なるため、よりカスタマイズされたメニューが薬膳料理の得意とするジャンルといえる。

薬膳料理と聞くと、中華料理を想像されがちである。最近は薬膳フレンチというお店もあるが、

しかし、中華であろうとも、和食、フレンチまたはイタリアンであろうとも、素材と調理法が異なったとしても、あくまで、その方の体質に合わせて作られれば、薬膳料理と呼ぶことができると言えるのだ。

治療目的の薬であれば、「良薬口に苦し」と言うように、美味しくなくとも、病気が改善されればと口に運ぶだろう。

だが、料理となれば、美味しく食べて、楽しめることが第一条件となる。

唐の時代の楊貴妃、清朝の時代の西太后は為政を続けるために自らの不老不死、不

老長寿を求めて「薬膳料理」を発展させてきた。
薬膳料理には進化を続けてきた長い歴史があるのだ。

食物の四性五味

薬膳では食材はそれぞれ、四性五味・帰経の性質を持つと考えられている。

・四性（五性）

四性とは、「寒《かん》・涼《りょう》・熱《ねつ》・温《おん》」の４つの性質を示す。

そして食べ物は「温性《おんせい》」「熱性《ねつせい》」（身体を温めるのもの）、「寒性《かんせい》」「涼性《りょうせい》」（身体を冷やすのもの）の四性に分けられ、「平性《へいせい》」（冷やしも温めもしないもの）も含めて五性に分類される。

この「四（五）性」をどのように薬膳に活かすかというと、体が余計な熱を持っている状態の熱証には、寒涼性食材を、体が冷えている寒証には温熱性の食材を取ることにより、偏った体のバランスを正常の状態に戻すことができるのだ。

寒さ厳しい冬の食卓に生姜《しょうが》を利かせた汁物の出番は多いだろう。ご家庭でも生姜は体を温める食材として認知されている。

漢方薬原料として考えると、生姜は生姜《しょうきょう》と呼び名を変え、効用は冷えた内臓を温めるとされている。したがって、生姜を利かせた汁物が体の温まるメニューであるのは漢方薬的に正しいのだ。

・五味

五味は、辛味、甘味、酸味、苦味そして鹹味（塩味）の5種類の味を示している。これはその食材の実際の味覚を表している場合と効能を抽象的に表現している場合がある。後者の場合は実際食べてみた味覚と異なる場合もある。

・帰経

帰経とは薬材や食材には、特定の臓腑に効果を表す性質のことである。

各臓腑には、それぞれ関係の深い経絡があり、その経絡を通じて臓腑に入り、効果を発揮するとされている。西洋薬学のドラッグデリバリーシステム（DDS）同様の作用ともいえるだろう。

＊四性図表

四性	特徴	適応症状や状態	代表的な食材
寒性	体を冷やす作用があり、熱を冷ます。炎症や熱性の症状を和らげる。	発熱、のぼせ、便秘、炎症、口渇などの「熱性」の症状	キュウリ、スイカ、大根、豆腐、苦瓜、緑茶
涼性	寒性ほど強くはないが、体をやや冷やして熱を取り除く。	軽度の発熱やのぼせ、乾燥、炎症など	梨、トマト、ほうれん草、カモミール、菊花
温性	体を温め、気血の巡りを促進。冷えや虚弱を改善する。	冷え性、胃腸の弱り、疲労感、食欲不振、下痢などの「寒性」の症状	生姜、ネギ、山椒、黒胡椒、ニンニク
熱性	体を強く温め、陽気を高める。寒さからくる症状を改善するが、摂りすぎると熱を生じることがある。	手足の冷え、倦怠感、免疫低下、寒さによる痛みなど	唐辛子、羊肉、シナモン、ニンニク、酒

・四性は相対的な概念であり、個人の体質や季節、環境に応じて適切に選ぶ必要があります。
・バランスが大切で、同じものを過剰に摂取すると健康を害することがあります。

＊五味図表

五味	特徴・作用	主な臓腑への関係	代表的な食材
酸	収斂作用（気や体液を引き締める）、肝を補助し、身体を安定させる	肝	レモン、梅干し、黒酢、りんご、山楂（サンザシ）
苦	清熱作用（熱を冷ます）、乾燥させる、毒素を排除する	心	ゴーヤ、コーヒー、緑茶、蓮の葉
甘	調和作用（緩和する）、滋養、補益（エネルギーを補充）、気力を高める	脾	米、蜂蜜、大棗（ナツメ）、さつまいも、甘草
辛	発散作用（風邪を追い払う）、血行を促進し、気の巡りを良くする	肺	生姜、ネギ、唐辛子、胡椒、シナモン
鹹（塩味）	軟堅作用（硬さを和らげる）、瀉下作用（通便作用）、体内の液体を調整する	腎	海藻、塩、昆布、わかめ、牡蠣

・バランスの重要性：五味を偏らず摂取することが、体内の調和を保つ鍵となります。
・体質や症状に応じた選択：例えば、冷え性の人には辛味が有効、ストレスが多い人には酸味が助けになります。
・相互作用：五味は互いに補完し合い、薬膳や漢方では組み合わせが重要視されます。

＊補足

中医学における「肝・心・脾・肺・腎」は、五臓と呼ばれる人体の基本的な機能単位を指します。ただし、西洋医学の臓器と完全に一致するわけではなく、広義の生理機能や精神的な側面も含んでいます。それぞれの特性や役割を以下にまとめます。

五臓	主な役割・機能	関連する感覚器官・体表	関連する感情
肝	・気や血を貯蔵し、全身に流れを巡らせる。 ・筋肉や腱を支配し、柔軟性を保つ ・感情や精神の調整に関与する。	目、爪	怒り
心	・血液を全身に巡らせ、精神活動（意識、思考、感情）を司る。 ・神（精神、意識）を宿す中心的な臓器。	舌	喜び
脾	・消化吸収を司り、気血を生成する。 ・四肢のエネルギー供給や筋肉の強化を担う。 ・水分代謝や血液を統制する。	口、唇	思い（憂い）
肺	・呼吸を通じて気を取り入れ、全身に分布させる。 ・水分代謝を調整し、皮膚や毛髪の健康を保つ。 ・防衛機能（衛気）を担う。	鼻、皮膚、体毛	悲しみ
腎	・生命力（精）を貯蔵し、成長・発育・生殖を支える。 ・骨や髄を支配し、耳の健康を保つ。 ・水分代謝をコントロールする。	耳、髪、骨	恐れ

かつて50年と言われていた人生は、今や100年と言われるようになったのだが、生涯現役を理想とするのであれば、問題は健康寿命であろう。

不老不死ではなく不老長寿。アンチエイジングではなくウェルエイジング。

薬膳料理は直接病気のメカニズムに呼応する即効薬とは違い、長期間を要して体質改善を行うことから、普段の食生活から長期的に体の土台を作っていくものと考えるべきである。

現代社会では自分自身の体の不調に関しては、健康診断で指摘されるか、自覚症状を感じて病院で診察を受けて病名を告げられ、改めて体の不調を証明されることが多い。

だが、なんとか日常生活を送っている多くの人たちがこのような段階となる前の軽症の段階、病気の一歩手前か体のバランスを崩した「未病」の段階で「薬膳料理」を取り入れて欲しく、薬膳の基本的知識を習得してもらいたい。

大学と大学院で薬学（西洋医学）を学び、製薬会社で新薬の開発に携わりながらも、中医学に興味を持ち、北京中医薬学大学で薬膳を学んだ。

洋の東西問わず、健康でありたいという願いは同じ。

健康法も東西にこだわらず、いいものを取る、いいとこどりがベストであり、行きつくところは「体が欲することが正義」である故、自分の体をよく知ることがスタートであり、「体が資本」という前に「体が基本」なのである。

四、趣味は身を助く　好奇心沼にどっぷりとつかろう

学校から帰るとランドセルを投げ出し、すぐに遊びに行くような小学生だった。好奇心旺盛で、魚釣りや虫取り、野球もやったし、当時はガンプラにも夢中になった。

社会人になれば軍資金もそこそこ十分に捻出できるようになり、ヨットや陶芸、カメラ、野鳥観察、蕎麦打ちやピザづくりなどの料理……とずいぶん楽しんできた。

自他ともに認める仕事大好き人間であった私は、休日の楽しみ方にも大変貪欲であった。宿題を後回しにして釣りやザリガニ取りに飛び出していった小学生のころと何一つ変わっていないかもしれない。（しかし仕事を後回しにして蕎麦打ちをしているわけではないから、遊び疲れて家に帰り、眠い目をこすりながら宿題をやっていた当時と比べれば大人になったものだな、私も……）

好奇心旺盛な私は様々な趣味に取り組んできた。熱しやすく冷めやすいタイプなのかもしれないが、一度興味を持つと深く深くのめりこむ。趣味程度では済まさず、徹底的にのめりこむ。

カメラにしろ、蕎麦打ちや料理にしろ、自己流ではなくプロから直接教わるやり方で学んできた。プロから直接学ぶコース（スクール）では、費用をかけてでも学びたい、という人間が集まってくるので、本気度が高い。学ぶ側の熱意もレベルも高く、さらに相乗効果で学ぶ側のレベルも上がることになり、確かに高いお月謝の分、効率よく学べたので正解だったと思っている。

また、趣味の仲間は幅広い年齢層となり、普段は付き合いのないような年代とコミュニケーションをとることになるが、これもまたコミュニケーション力の向上につながったのだと感じる。

ちなみに大前研一氏は、著書『洞察力の原点』で次のように語っている。

「日本人より外国人、同世代より年の離れた世代、同性より異性、同郷人より出身地の異なる人、同じ業界、同じ職種の人より違う業界、違う職種の人…「自分から最も遠い人」とも円滑にコミュニケーションできることは、サラリーマンにとって重要なセンスであり、彼らこそが貴重な情報と理解をもたらしてくれる」

大人の趣味とは、楽しめて（おそらく趣味でストレスを発散している方もいらっしゃるでしょう。私の場合ストレスフリーな勤め人でしたが……）、普通に暮らしていたら接点がなかっただろうという人たちと付き合うことができて人脈も広がり、コミュニケーション力も高まり、いいことずくめの大人の趣味だが、楽しみながら学び、今になって考えると自分の可能性探しだったたと改めて思う。

定年後異業種で起業した私は、「どうしたら梶井さんみたいにエネルギッシュに動けるのですか？」とよく聞かれるのだが、

「楽しんで学んでいるから」と答えている。

楽しんでしまえば、こっちのものなのだ。これまで楽しんできた趣味を挙げてみよう。

・ヨット

バブリーな趣味の話かと思われるだろうが、確かにバブル真っただ中の20歳代後半、ヨットオーナーのクルー募集に声をかけられた私は「クルーザーメイト」としてヨットに乗り、レース出場も果たした。

週末にクルージングを楽しみたいというオーナーのクルー（乗組員）としてヨットに乗り込む我々クルーザーメイトは、ただでヨットに乗れるうえに、レース前には オーナーの景気づけのごちそう（伊勢湾で開催される鳥羽パールレース出場前日の桁外れの松阪牛と言ったら……！）をいただいたり、と、まあ、一言でいえばおいしい

思いをさせてもらったわけだが、クルージングや贅沢なごちそうのほかにも貴重な経験ができたと感じたのは、ヨット操縦法を五輪コーチから直々に教わることができたということである。(それも月謝なしのごちそう付きで)

元ヤマハセーリングチームゼネラルマネージャーを務める飛内秋彦さんは、ソウル、バルセロナの2つの五輪のコーチを務められた方であった。

五輪チームとは違って趣味のヨットレースの場合、各メンバーの力量の差は実にはなはだしい。コーチはメンバー内の熟練者たちには短く的確な指示を出しつつ、同時に我々のような超ド素人クルーザーメイトへは初心者向きの細かい指示を与えて一つのチームにまとめ上げていくのであった。**一流の指導者は受け手のレベルにあわせて一流の指導をするものなのだ**、と感心したし、のちに会社で指導者という立場に置かれた際、参考にさせていただいた。ヨットという趣味から学んだ大きなおまけである。

・陶芸

バイオグラフィーでお話しした陶芸も、陶芸の知識のおかげで料理以外も器も味わいたしなむことができ、器好きの割烹の大将との話も弾み、作陶をやめた今でも陶芸の経験は自分の人生を豊かにしてくれている。

・野鳥観察

すでに動物観察のキャリアは長いとお話ししているが、野鳥観察に関して私は長年日本野鳥の会に所属する正統派の観察者ｂｉｒｄ ｗａｔｃｈｅｒであるのだ。

日本野鳥の会に所属していると言うと、ある年齢層からは「ああ、大晦日のＮＨＫの紅白歌合戦組の勝敗を決める際に集計している、あれですね」とのリアクションが返って来ることが多いのだが、日本野鳥の会とは、「何の鳥が、どこで、いつ、飛来しているか」の個体数集計を主活動とする団体なのである。

野鳥の観察では、いくつかの情報を基に野鳥を同定していく。例えば、東京の鳥に指定されているユリカモメはユーラシア大陸北部で繁殖し、冬に日本各地に渡って来る。そのため、例外は別にして、夏場国内で見ることはない。ユリカモメの冬羽は頭部が白くて眼の後方に黒褐色班があり、その識別に関しては、冬羽の特徴とともに普段見慣れたスズメやカラスと比較し、その大小から識別特定していく。

尾羽の形の違い（角尾・円尾・凹尾・燕尾・凸尾）や翼の先が尖っているか否かで特定したり、幹への留まり方によって識別したり、鳴き声で識別することもある。

飛行の形も様々で、スズメやエナガのように直線飛行をするものがいれば、ヒヨドリやセキレイ、キツツキのように波状飛行するものもおり、飛行の形で識別することもできる。

腰と尾を上下に振るセキレイ、尾を回すように振るモズ、お辞儀をしてから尾を震わせるジョウビタキ等、というように、鳥特有の独特な動作をもとに識別につなげることもある。

識別方法は様々である。植物観察と違い、動く、それもはるか上空の野鳥の観察によって、私の動体視力は鍛えられたのだった。

加えて観察と言っても単に野鳥の姿を愛でるだけではなく、得られた情報を基に、数ある鳥の中から特定の鳥に絞り込んでいく作業は、現在の狩猟の活動に活かされているのは、確かだ。

（日本野鳥の会と猟友会とのダブル入会は真逆の位置にいると思われて、私のダブル入会を知ると皆さん戸惑われるのですが……）

・**料理**

ただの食いしん坊の私が、茨城移住をきっかけに料理に目覚め、最初は趣味レベルで始めた料理だったのだが、次第に趣味レベルを超え、調理師専門学校の通信講座で料理を学びだしたことから、世界が広がった。

専門学校で料理の基礎を学んでからは、まずは「うまいうまい」で終わっていた食べ歩きも、調理法への興味、食材への興味へとつながり、食材への興味は山菜収集やキノコ収集、ジビエへの興味へつながった。オーベルジュでの楽しみを覚えると、古民家など建築への興味まで広がり、それをきっかけに古民家を購入して薬膳料理オーベルジュ構想とつながった。その後紆余曲折があり、薬膳レストランオーベルジュではなく体験型キャンプ場として動き出すことになったわけだが、趣味の一つであった料理が、定年後の人生を変えるきっかけになったのは確かだ。

私もそうだが、食いしん坊はエネルギッシュなタイプが多い。

美味しいものを求めて国内外、飛び回っていらっしゃる。

生ハムづくりを教わりに雪深い東北まで足を運んだり（私も後追いしました）、調理師専門学校で知り合った方々とは、いろいろなマニアックな情報を共有して長くお付き合いをさせていただいている。

55歳で出会った今の妻とも美味しいものがご縁であった。

五、幸運な偶然を引き寄せる力

ビジネスには正解がない　人生にも正解がない　正解は一つではない

学校生活では、あらかじめ用意された答え「正解」に対して、その「正解」をいち早く導き出した人が優秀な生徒とみなされる。

ところがビジネスの世界では、正解がない。

まずは自らが正解となる答えを見つけ出すことを要求される。そしてその後その出した答えに対しては組織が納得して初めて、「正解」として採用されるのだ。

加えてさらに「正解として採用された」としても、その後競合相手や顧客等の状況が変わってしまえば覆されて正解として確定せず、まだまだ「正解探し」は続くのだ。

言い換えると**ビジネスにおいては、正解は流動的**であると言える。

自分の答えが採用される前だけでなく、採用後でも状況変化があり得るので、すでに出した答えよりもベターな答えが見つかれば、再度検討する価値が生まれるわけだ、最初の回答にしがみつかずに。

一般に「朝令暮改」という言葉は一度出した結論をすぐに撤回してしまうというネ

ガティブな意味で捉えられがちだが、目まぐるしく展開する昨今のビジネスの世界では、私は決して問題だとは思わない。

思いつきで即断即決した「朝令暮改」の結果が合理性に欠ける場合は確かに問題だろうが、常にリスクを最小化するために、変更が必要な明確な理由と変更案がベターである理由を、組織が納得するまで説明するという努力を惜しんではいけないと考える。

ビジネスに正解がないのと同様、人生にも正解がない。正解は常に複数あるだろうからである。世の中の多くの答えの中からより良いものを選んで、状況に合わせてベストに近づいていくのが、理想の人生だと考える。

一つの方法（解答）を選んで進んでいても、より良いと思えるものがあれば、乗り換えもありなわけとなるのだ。

より良いものを見つけるための情報収集と、最適なタイミングで固執せずに乗り換えられる勇気と決断力が、最適な解答への到達へと導くはずだ。

さて、五感を研ぎ澄ませ本来備わっていた野生力を復元し、そこに様々な経験が加われば、まさに鬼に金棒、どんどん可能性が広がってくる。それを考えると加齢は武器となる。（あくまでも、加わるのが齢だけでない、ということが前提ではあるが）
人生を生き抜く生抜力®を発揮するためには、野生力と叡智の総動員となる。
何も難しいことではないはずだ。
楽しんで答えを探しに行こうではないか！

（例題）例えば、あなたが川を渡るか否かの判断をしなければならない場合

川を渡るか否かの判断基準は、状況や目的に応じて異なりますが、どのような要素を考慮することが必要か一度、考えてみては如何ですか？

1．川の流れの強さと深さ

川の流れが速い場合や深さが一定以上の場合、渡ることが危険です。でも、世の中、リスクがなくて、自分の人生が薔薇色となるケースはほとんどないと言っても良いと思います。だったら、多少のリスクはあろうとも渡り切ってしまえばよいことですし、全身ずぶ濡れになっても乾かせば復元できるので問題ありません。水深がわからなければ、杖となる木を行く手に刺し、深さを探りながら前に進めば良いし、転げそうになったらどの岩に摑まるか、万が一の時に備え予めシュミレーションしておくことが重要です。特に水量が多い時期や、雨が降った直後などは、流れが予測できないことがあるため、水量や濁り度合の変化に敏感かつ瞬間的な判断が必要となるので、普段から感覚的なリスク管理がとれるようにしておくといざという時、助かります。

2．川の幅

川の幅が広い場合、途中で休む場所がないため、水温が低ければ渡るのに時間がかかり、低体温症で体が動かなくなる危険があります。浮力性のあるリュックにより、流れに極力逆らわずに泳いで渡ることも可能です。そもそも、これ以上進むことが無理だと思ったら、初心貫徹と言わずに渡らずに引き返すことも常に頭の片隅に入れておく必要があります。

3．安全な渡り方の有無

橋や渡し船、浅瀬など安全に渡るための手段があるかどうかを確認します。渡る場所並びに到着場所も1箇所だけではないはずです。川の両側を線と考え、その中から渡るためのベストな2地点を選択するのが最善です。

4．渡る目的と必要性

渡る目的が緊急である場合とそうでない場合では判断が異なります。たとえば、緊急の用事がある場合はリスクを取る必要があるかもしれませんが、そうでない場合は無理をせず、別の方法を探すことも重要です。

5．天候や時間帯

天候が悪い場合や日が沈む前後など視界が悪い時間帯では、渡るリスクが高まります。特に夜間は、川の状況が見えにくくなり、また、岩に生えている苔を見落とすことで滑ってしまうことがあるため、慎重な判断が求められます。

6．自身の体力やスキル

自分の体力や泳力、経験などを考慮に入れることも重要です。体力が十分でない場合や、泳ぎに自信がない場合は、無理をしない方が安全です。

7．同行者の有無

一人で渡るのか、グループで渡るのかも判断基準に影響します。確実に渡れる人がいる場合、まずはその人が渡り切りレスキューを呼ぶことで他のメンバーをリスクから回避することもできます。複数人で渡る場合、助け合うことで確実に全員が安全に渡り切れるか否かを判断する必要があります。

8．代替ルートの存在

もし川を渡らなくても目的地に到達できる別のルートがあるなら、それを選ぶのも一つの判断基準です。特にリスクが高い場合は、遠回りでも安全なルートを選ぶ方が確実で賢明な方法です。

いくつかの選択肢の中から、与えられた条件を基にリスクも考慮し、総合的にどのように川を渡るべきかどうかを判断することが重要となります。

最後に、セレンディピティの話をしようと思う。

製薬会社を定年退職するまでの最後の10年間は研究所の在籍だった。研究とは失敗の連続。そして失敗することで古い仮説を否定し新たな仮説を生み出していく。そしてそれの繰り返し。この点から研究と効率性は相受け入れられない面があると言えるだろう。

セレンディピティとは、「偶然の産物」「幸運な偶然を手に入れる力」を意味する言葉である。探しているものとは別の価値あるものを見つける能力・才能を指す。偶然に起こったものの価値を見落とさない力だ。

思いもよらない偶然によって偉大な発見や成果が生まれる例があることから、セレンディピティは科学の分野でよく使われる言葉なのだが、例として、フレミングのペニシリンの発見を上げたい。（製薬会社の元研究者としてぴったりの有名エピソード引用ですね）

フレミングが培養実験の際に誤って雑菌で青カビを混入させたことが、のちに世界中の人々を感染症から救うことになる抗生物質発見のきっかけとなった。

彼はそのシャーレの中で青カビの周りでは細菌が繁殖しないことを発見し、細菌を死滅する画期的な抗生物質『ペニシリン』をカビから抽出することに成功したのだった。

もし、青カビを実験に使えないと判断してそのシャーレを廃棄していたら、偶然の産物であるペニシリンは生まれなかったということになる。

結果優先、効率優先の価値観では、「偶然」を期待するわけにはいかない。だが、偶然を期待してただ待っている受け身ではなく、偶然を引き寄せる攻めの動きをとるのは、どうだろう。自らの意思で、幸運な偶然を引き起こし、つかみ取るのだ。

運の良さは後天的に得られるものになる。

さて、強運な人間になるには、どうする?

ここでまた、元研究者としてぴったりのフレーズを引っ張ってくることとしましょう。

細菌学の父と言われるパスツールの言葉を引用する。

「幸運は用意された心のみに宿る」

le hasard ne favorise que les esprits prepares

英語に訳した「Chance favors the prepared mind」で言及されることもある。

幸運を得られるのはそれ相応の用意をした者だけだ、ということである。研究者であれば、自分の信じる研究結果のために失敗を繰り返しながら長い歳月を費やす。そんな「終わりのない準備」をし続けられる人だけが、偉大な発見にたどり着くというわけだ。

強運を引き寄せるためには、なんともシンプル、準備し続けなさい、という結論。求めよさらば与えられん

なんだかワクワクしてくる。

楽しんで、幸運な偶然を引き寄せていこうではないか！

（＊注）パスツールのスピーチ

フランス語版ウィキクォートに本記事に関連した引用句集があります。

Louis Pasteur

1854年12月7日、後のリール第1大学の前身 la faculté des sciences de Lille とリール第3大学（フランス語版）の前身 la faculté de lettres de Douai が開設され、記念式典が後者の所在地ドゥエーにおいて開催され、前者の学長に就任したパスツールはスピーチをした。その中で、パスツールはデンマークの物理学者ハンス・クリスティアン・エルステッドが電磁気作用を発見したエピソードに言及し、「… par hasard, direz-vous peut-être, mais souvenez-vous que dans les champs de l'observation le hasard ne favorise que les esprits préparés …（… 偶然だと仰るかもしれませんが、思い出しましょう、観察の分野では機会は準備のできている精神だけを好むのです、…）」と述べた。

エピローグ

竹を割ったような性格らしい。
巨漢ならではのアツがあるらしく、よく、「実際には意外に素直だった」と驚かれる。
「裏表がない」とも言われる。
干支が亥だというと、「納得！」「まさに猪突猛進だね」と嬉しそうにされてしまう。
少年の心を忘れない、とかいうとキザすぎて気持ち悪いのだが、
ガキがそのまま年取った、というパターンらしい。

高度経済成長期に役所勤めをしていた父親は、典型的な昭和男子で子育てには一切かかわらずであった。

その一方で家の中をひとり切り盛りしていた母親は、3歳上の姉に厳しかったが、私には甘かった。

そしてその姉も私には甘かったので、それはもう、私はあまあまに育ったということになる。

小学生のころ母がおやつにと姉と私に買い置きしていた2つのカップアイスを先に帰宅した私が2つとも食べきってしまったことがあったのだが、がっかりした姉が泣

いて母に報告に行くと「そんなことぐらいで・・」と言われたらしい。

この件で私は親からも姉からもお咎めがなかったという甘やかされ放題な有様で、逆に姉が「アイスクリーム食べられた、そんなことぐらいで・・」とたしなめられたという話は大人になってから姉に聞いたのだが、その時はさすがに、「おふくろ、そりゃないだろ」と思ってしまったほどだ。


門限を守る優等生タイプの姉と違い、私は真っ暗になるまで遊んでいたし、休みの日には朝から始発電車で静岡まで魚釣りに行き、夜遅くに帰ってくるような小学生だった。(行先さえ伝えれば親は快く放流してくれた)

一匹も釣れなかった川釣りの帰り道、面目を保つために帰りにアジを買って帰宅、母に「釣れたよ」と差し出して、「嘘つきなさんな」とこっぴどく叱られた。

アイス盗み食いでは大目に見てもらえたが、嘘は許されないこととして、厳しく諭されたものだった。

魚つながりでいうと、アジに加えてフナでも嘘をついてしまったことがあった。

都営団地の貯水池で釣ったフナを家で飼いたくて、「釣ったフナだと言うと、池に戻してきなさい、と言われるだろう」と考え、「松野くんからもらった」と申告、めでたく家で飼うことが許された。だがその晩、母親が魚屋で松野くんの母親にフナのお礼を言ってしまったものだから、嘘がばれ、これまた大目玉をくらったのであった。

腹を空かせて家に帰れば、大盛りの晩飯を食わせてくれる母親がいた。

食卓が子どもの好物（ハンバーグ、オムライス）で埋め尽くされてパパが不満顔な平成令和とは違い、昭和の食卓では「家父長（イコール父親）優先」であったから、父親好みのおかずが並ぶことが多く、こどもの味覚にはちょっと渋すぎる献立であってもお残し厳禁であった我が家では、雑な食べ方をすると、「食べ物を粗末にしてはいけません」と厳しく叱られたものだった。（アイスクリームの盗み食いは大目に見てもらえても、だ）

おかげで全く好き嫌いすることなく、すくすくと大きく育ったようだ。

「ただいま」の声と「バサッ」とランドセルが投げ置かれる音がほぼ同時、その数秒後に「行ってきます」と遊びに出かけて、宿題は後回しな生活。

翌日の登校直前に学校からのお知らせのしわくちゃになった手紙などを出すものだから、親には迷惑をかけていただろう。

「まるで○○ハムの少年みたい」と妻が言う。

「わんぱくでもいい、たくましく育ってほしい」という1970年代に流行ったコピーがある。

食品会社のCMのなかでのフレーズなのだが、
厚切りのハムを焚火であぶっている親子（父と息子）が映し出され、そこで流れる「わんぱくでもいい、たくましく育ってほしい」のナレーションが印象的だった。調べると1968年からシリーズもので続いたCMだったらしい。

CMで焚火で焼かれているのは食品会社の商品のハムだが、私が焚火を起こして焼いているのは、自らが仕留めてきた鹿の塊肉だったり、1羽のキジバトだったり雉だったり鴨だったり、釣りあげてきたイワナだったりヤマメだったり、仕掛けにかかった天然鰻だったりするのだが、まさにわんぱく体現者なのだと言うのだ。

昭和の子育て論「わんぱくでもいい、たくましく育ってほしい」で育てられた私は、「わんぱく体現者」となって、令和の時代の今を楽しんでいる。

周りの仲間「わんぱく」たちは、今でこそ狩猟をし、釣りをし、山菜やきのこを採り、自然を学び享受している、「わんぱく体現者」なのだが、それは、一つの側面であり、普段は社会人として会社勤めをしていたり、経営者であったり、政治家であったりするのだ。

自然の驚異とだけ戦って野生児として生きているわけではなく、青年期には受験という荒波も、社会人としては経済の荒波、ライバル企業との荒波もそれぞれ乗り越え、そして今も乗り越えている真っ最中でもあるのだ。生き抜き続けているのだ。

ガキがそのまま年を取ったような、と言われるが、そのまま、年だけ取って、生きているだけじゃない。

いろいろ学んで、生き抜いてきているのだ。

昭和の時代と令和の時代は、同じではない。

昭和の荒波と令和の荒波は、高さもうねりも違うだろう。

だが、とにかくその荒波は越えよう、逃げないで。

最終的に自分で生き抜いていける強さとたくましさを得ることによって、人生をより楽しむために。

子どものころ、家にいるときは時代劇が好きだった母親の観るテレビを一緒に見て過ごすことが多かった。

衣装や大道具にコストがかかるとか、尤も演じる役者がいないとかといった理由で、時代劇は今では地上波での放映はなくなっているらしいが、当時はずいぶん放映されていた。

時代劇といえば、そもそも衰退理由の一つに挙げられてしまう勧善懲悪のワンパターンではあるのだが、
この勧善懲悪のストーリーが、あの結末が、お決まりの結末が、わかりやすくて、すっきりとして大変心地よく感じられる。

桃太郎侍、遠山の金さん、水戸黄門の勧善懲悪モードに子どもの私の価値観は染められてしまっているのに違いない。

(定年後に3年ほど勤めた薬局での労使交渉も時代劇の影響もなきにしもあらずだったのかな?)

善を勧め、悪を懲らしめるって、シンプルでいいじゃないですか!

わざわざ複雑にしなくてもいいわけですよ、人生を。

心地よい場所、心地よい環境を求めるのは、生きる者の本能なのだ。

心地よい生き方を選ぶ、そのために、自ら持つ本能を最大限に放つ、それが生き抜

く力、「生抜力®」なのである。

謝辞

がむしゃらに生きてきた。多くの人に迷惑をかけてきただろう。多くの人に助けてもらった。

まずは強靭な体に産んでくれた両親に感謝したい。
そして、弟の悪さに振り回されながらも優しくたしなめてくれた姉にも、ありがとう（すみませんでした）と伝えたい。

施主のわがままな注文に対して、軽々とその上をいく設計で、素晴らしいつくばの我々の自宅兼オフィスのフルリノベーションを完成させてくださった水戸のｏｎｏ設計室の小野剛さん、
「狩猟免許を取って好きなだけジビエ食べましょうよ」、とハンターライフに誘ってくださった、トラットリア エ ピッツェリア アミーチの太田裕二シェフ、

つくばに移住後のわたしの大師匠となった田村盛一さん、そして田村家の皆さん、調剤薬剤師の師匠、小西健之薬局長、勤務薬局との労使交渉の際に支援してくださった県議会議員小川一成さん、改めて、感謝の意を伝えたいと思います。

そして退職する私にはなむけの言葉をくださった当時アステラス製薬株式会社副社長であった岡村直樹さんには、退職後6年後の本書出版に当たって代表取締役社長CEOとして推薦文をいただきました。深く感謝申し上げます。

貧弱な記憶力のせいにするわけではないが、あまり昔のことを覚えていない。（都合の悪いことは忘れる特技アリ）

そんな私が定年退職後、鉛筆なめなめ執筆にとりかかった。

執筆中、おのれの文章力のなさにほとほと困り果て、苦しみながら書き上げた、……というのは嘘です。

ぶわーと書き上げたまさに渾身の原稿を見た妻が、卒倒した。「小学生の作文かと思った」と。

困り果てたのは妻だった。


それからが大変な作業だった。

俺の渾身の原稿は、ほぼほぼ全面改稿、夜な夜な夫婦で執筆にいそしんだ。

そもそも、文章を書くのは苦手だったはずだ。なぜ本を出すなど、血迷ったのだろう？と後悔もした。

いいえ、それも嘘です。なぜ、本を出すなと、引き留めなかったのか、と後悔したのは、妻でした。


干支のせいにするわけではないが、猪突猛進の典型だと自覚している。

思い込んだら一直線に突き進む大男の俺を小さな体で制し、軌道修正をしてくれた妻、由美子さんに深く感謝します。

そして幻冬舎メディアコンサルティング前田惇史さんには、多くのアドバイスをいただきました。心より感謝申し上げます。

技術革新や産業構造の変化が激しく、即断即決が求められる時代に突入しています。だからこそ、答えのない問題に対して知識だけで解決を試みるのではなく、深く掘り下げて本質をとらえる「生抜力®」が重要になってくると考えます。

本書がどこかで誰かの人生の一助となることができれば、これほどうれしいことはありません。

〈著者紹介〉

梶井寛（かじい ひろし）

1959年東京新宿生まれ。

東京薬科大学大学院卒業後、山之内製薬（現アステラス製薬）株式会社入社。

在職中にビジネス・ブレークスルー（BBT）大学大学院にてMBA取得。

大阪あべの辻調理師専門学校の通信教育にて日本料理・西洋料理・中国料理・和菓子の専門課程を受講。

北京中医薬大学日本校にて国際中医薬膳師取得。

日本野鳥の会会員。埼玉県生態系保護協会会員。

狩猟免許取得。

牛久沼・小貝川漁業協同組合所属（鰻漁）

2020年膳Laboつくば株式会社創業。主に生抜塾塾長として活動中。

本についてご意見・ご感想がありましたらこちらからお願いします。

h.kajii@zenlabo-tkb.com
または、

生《き》抜《ばつ》力《りょく》®

2025年4月23日　第1刷発行

著　者　　　梶井寛
発行人　　　久保田貴幸

発行元　　　株式会社 幻冬舎メディアコンサルティング
　　　　　　〒151-0051　東京都渋谷区千駄ヶ谷4-9-7
　　　　　　電話　03-5411-6440（編集）

発売元　　　株式会社 幻冬舎
　　　　　　〒151-0051　東京都渋谷区千駄ヶ谷4-9-7
　　　　　　電話　03-5411-6222（営業）

印刷・製本　中央精版印刷株式会社
装　丁　　　秋庭祐貴

検印廃止

Printed in Japan
ISBN 978-4-344-69266-4　C0095
幻冬舎メディアコンサルティング HP
https://www.gentosha-mc.com/